社会工作国家一流专业建设丛书

儿童社会工作

ERTONG SHEHUI GONGZUO

何昕 ◎ 编著

贵州大学出版社
Guizhou University Press

·贵阳·

图书在版编目（CIP）数据

儿童社会工作 / 何昕编著． -- 贵阳：贵州大学出版社，2024．8． -- ISBN 978-7-5691-0786-9

Ⅰ．D432.5

中国国家版本馆 CIP 数据核字第 20240M3B07 号

儿童社会工作

编　　著：何　昕

....

出 版 人：闵　军
责任编辑：杨小娟
装帧设计：陈　艺　方国进

....

出版发行　贵州大学出版社有限责任公司
　　　　　地址：贵阳市花溪区贵州大学东校区出版大楼
　　　　　邮编：550025　电话：0851-88291180
印　　刷　贵阳精彩数字印刷有限公司
开　　本：787 毫米×1092 毫米　1/16
印　　张：11
字　　数：204 千字
版　　次：2024 年 8 月第 1 版
印　　次：2024 年 8 月第 1 次印刷

....

书　　号：ISBN 978-7-5691-0786-9
定　　价：30.00 元

版权所有　侵权必究

本书若出现印装质量问题，请与出版社联系调换

电话：0851-85987328

总　　序

到 2023 年，贵州大学社会工作专业已开设了 30 年，这是值得每一个亲历者和见证人纪念和庆祝的。即将由贵州大学出版社出版的社会工作国家一流专业建设丛书，包括《社会工作教学案例分析》《儿童社会工作》《残疾人社会工作》《家庭社会工作》《社会工作研究方法》《自我认识与沟通》共 6 本，主要由我校社会工作专业教师编撰。这一系列教材的陆续公开出版，也算是给社会工作专业进入"而立之年"的一份沉甸甸的献礼。

1993 年，贵州大学在哲学系开始设置社会工作专科（学制 2 年），先后有 3 届共 105 名专科生毕业；1999 年升为本科，已培养 900 名毕业生，目前在校学生 160 人。2009 年，贵州大学成为全国首批社会工作硕士专业学位授予单位。截至 2022 年，已毕业的社会工作专业硕士有 11 届共 405 人，在校硕士生 140 余名。30 年办学历程，我们拥有社会工作国家一流本科专业、"社会工作概论"国家一流课程、全国社会工作领军人才、教育部高等学校社会学类专业教学指导委员会委员、全国社会工作专业学位研究生教育指导委员会委员、中国社会学会副会长、中国社会工作教育协会副会长和贵州省普通本科高校"金师"等优势办学资源，形成了以下几个特色。

其一，教师队伍专业性突出且实操能力强。有多名教师在香港著名大学接受专业社会工作教育并获得硕士、博士学位，90% 以上的教师具有社会学、心理学和人口学等学术背景；在教师队伍建设上采取"大学、政府、社会组织"三位一体的方式实现综合能力的自我提升。通过邀请来自大学、政府和社会组织的专家，促进专业教师与用人单位的对话，促进教师批判性地理解理论，同时反思理论在实践中的应用，将专业性和实操性紧密结合起来，教师教学能力明显增强。社会工作专业的杨晶老师 2021 年获首届全国高校教师教学创新大赛部属高校（含部省合建高校）副高组二等奖，贵州省省赛、贵州大学校赛一等奖，被评为贵州省普通本科高校"金师"。刘升老师 2023 年获第三届贵州省高校教师教学创新大赛新文科组三等奖。郑姝霞老师 2023 年获第三届贵州省高校教师教学创新大赛新文科组二等奖。胡晓老师2022年获贵州大学公共管理学院第九届中青年教师教学技能比赛暨贵州大学中青年教师教学技能比赛选拔赛二等奖。

其二，立足欠发达地区和民族地区，致力于"四能"型社会工作专业人才的培养。我校社会工作专业教育有重视实务训练的传统，倡导并采用"教学＋实践＋研究"三位一体的培养模式，鼓励学生在学习过程中参与研究和服务，强化学生对专业价值观、理论和方法的理解。一直以来，学生在社会工作服务各领域展现出"四能"特点："能吃苦"，具有吃苦耐劳的精神，扎根社会工作服务一线，长期服务农村、服务民族地区；"能干事"，理论和技巧过硬，既能和老百姓、弱势人群打交道，提供切实有效的服务，又有从事社会发展战略规划、社会治理和项目管理的能力，能切实解决欠发达地区问题，还能在实践中不断总结反思，通过实务研究推动专业发展；"能奉献"，勇于担责，不计较得失，高度认同并践行专业价值观，能及时回应并满足服务人群的需求，拥有社会工作专业情怀；"能留住"，秉持"学社工、爱社工、做社工"理念，学以致用，愿意扎根欠发达地区，推动西部地区社会工作的发展。彰显"四能"精神品格的社会工作专业人才，社会声誉好，受到用人单位的一致好评。

其三，主导社会工作地方行业规则制定和行业发展，大力推动社会工作产教融合。我校社会工作专业建立了20余个专业性、多领域、跨地区的多层次实践教学基地，形成了理论与实践深度互嵌的培养模式。师生扎根基层的多元实践基地，以产教融合来保障培养质量，立足于培养真诚而又专业的高层次社会工作人才，以应用型人才培养为宗旨，教学相长，真正服务社会。近10年来，我们获得区域政府部门、社会工作机构等各方面的一致好评。依托国家级、省部级和校级等示范实践基地，开展实践教学和实务研究，加强学生实践训练的同时推进教师实务研究；定期和行业专家开展研讨，把握行业发展动态和专业培养方向，参与制定相关行业标准；每年邀请一线资深社会工作者进课堂，开设实务前沿讲座，传授最新的社会工作实务技术。在校学生在历届中国社会工作大学生论坛、案例大赛上多人多次获二等奖。专业、学科致力于以开阔的理论视野、扎实的经验研究和朴素的社会服务，为中国社会工作发展添砖加瓦，提升社会工作服务国家战略的能力。

当然，在推动社会工作专业教育和人才培养高质量发展进程中，我们要保持清醒的头脑，要想方设法突破制约我们发展的瓶颈。一是从近期来看，主要是人才培养质量还有提升空间。社会工作本科专业毕业生的升学率已经持续3年显著提高,达到了45%,但从高质量就业来看,还有进一步提升的空间。二是课程体系建设还有改善空间。社会工作国家一流本科专业的培养方案虽然在持续修订,但在部分研究领域和新兴课题,如大社工理念、数字化转型、全球视野等方面,课程内容和教材尚显不足,实践教学与理论学习存在一定的脱节情况。三是标志性教学成果还有突破空间。科研成果是推动教学成果转化的重要资源,要进一步激励教师切实把科研成果转化为教学内容,不仅可以让科研成果更好地服务于教学,从而孵化具有特色的教学成果,也可以让学生更直接地接触到学科前沿的知识和技术。

总之,我们组织教师编写这套丛书,也是积极解决发展中存在的问题的具体行动,期望通过老师们对西部地区社会工作实务中案例的详细讲解,进一步推动社会工作专业的在地实践,加快社会工作专业知识的转化,这对社会工作专业的本科生、研究生,社会工作机构及行业主管部门都大有裨益。

我作为社会工作高等教育的践行者,亲历了贵州大学社会工作教育30年的艰难发展历程,有很多感慨难以用言辞表达。但必须说的是,内心十分感激和我一起奋斗的同事们,还有给予我们帮助的社会各界有识之士。在这里要感谢贵州大学出版社闵军社长、郭晓林副社长和编辑高佩佩老师竭力促成该系列丛书的出版。社会工作国家一流专业建设丛书负责人杨晶教授为丛书的编写做了大量的组织工作,在此一并致谢。教材编写过程中难免存在不妥之处,敬请专家读者谅解和指正。

言不尽意,是为序。

2023年夏于贵阳花溪

前　言

《中国儿童发展纲要（2021—2030年）》的开篇写道："儿童是国家的未来、民族的希望。""促进儿童健康成长，能够为国家可持续发展提供宝贵资源和不竭动力，是建设社会主义现代化强国、实现中华民族伟大复兴中国梦的必然要求。"随着我国儿童福利事业的不断推进，儿童社会工作也日益被更多的人知晓、了解，在现实的儿童服务中也发挥着越来越大的作用。

毋庸置疑，儿童社会工作的服务对象是儿童。但在这样一个转型和变动的时代，对儿童的了解和认知尤为重要。儿童观是什么？儿童在不同的发展时期有什么样的特征和需求？儿童观会如何影响我们的儿童工作？本书在一定程度上希望能够回答这些问题。

本书的专业受众是社会工作专业的学生。强化儿童社会工作是以儿童权利和儿童保护为基础的认知，不仅要了解与儿童相关的法律、法规和政策，而且在实务中的每一步都需要检测和反思是否保障了儿童的权利，是否从儿童保护的视角出发去回应儿童的需求、解决儿童的困境——这是儿童社会工作的专业性要求所在。

本书提供了关于儿童社会工作的基础知识。作为未来可能的儿童社会工作者，我们需要清楚地知道"专业的服务来自专业的评估"。在很多情况下，我们的专业判断将会为接受服务的儿童及其家庭带来不一样的改变。因此，拥有专业的儿童社会工作知识与技能，能够让我们更清楚地知道自己的能力和可控的范围，能够清楚地知道如何开展儿童及其家庭工作，清楚如何实现不同年龄段儿童的小组服务以及儿童友好社区的创建，清楚社区层面的儿童保护服务工作该如何开展。

未来的儿童社会工作者要知道，在语言表达上儿童与成人是不同的，尽管在现实中有太多"能说会道"的儿童，但可能那并非能够准确表达儿童真实内心的话语。本书特别介绍了多种"儿童的语言"——游戏、绘画、故事。在现实环境中，儿童社会工作者只有用心去聆听和感受"儿童的语言"，并能够使用"儿童的语言"与其沟通互动，才能真正知晓儿童在想什么、感受什么、体验什么,知道怎样才能和儿童共同面对他们的需求以及解决他们所处的困境。

每一个儿童都是不同的,因此也没有一种方法和实务技巧是适用于每一个儿童的。在方法和技巧的使用过程中,我们需要发挥"社会工作的想象力"和创造力,不断探索和挖掘适用的方法和技巧。我们一定要记住,所有的方法和技巧都是可以通过学习获取的,但唯有"用心"才是做好儿童服务的关键!

在儿童服务的道路上,我们仍需要不断地磨炼和成长,逐渐练就一双善于观察的慧眼、一双知道"如何听儿童说"的耳朵、一张知晓"如何说儿童才会听"的嘴巴、一颗理性的头脑和温柔且坚定的心!

因编者水平有限,本书难免存在诸多不足。希望各位读者不吝赐教,也希望今后能有越来越多儿童社会工作服务的同行,更好地推动整个儿童社会工作领域的发展。

目 录

第一章 儿童与儿童社会工作 ... 1
第一节 儿童观 ... 1
第二节 儿童权利 ... 10
第三节 儿童社会工作 ... 14

第二章 儿童保护与儿童伤害 ... 21
第一节 儿童保护 ... 21
第二节 儿童保护工作开展的基础 ... 26
第三节 儿童伤害 ... 32

第三章 不同发展阶段儿童的特征 ... 38
第一节 产前期和婴幼儿期的发展 ... 39
第二节 学龄前期儿童的发展 ... 46
第三节 学龄期儿童的发展 ... 50
第四节 青春期儿童的发展 ... 53

第四章 儿童游戏治疗 ... 62
第一节 儿童与游戏 ... 62
第二节 游戏治疗 ... 66
第三节 游戏治疗的实务技巧 ... 71

第五章 与家庭一起工作 ... 83
第一节 儿童与家庭 ... 84
第二节 家长的个案服务 ... 89

第六章 儿童小组服务....98
第一节 儿童小组服务的基本知识....99
第二节 不同年龄段儿童的小组服务....105

第七章 社区层面的儿童服务....113
第一节 儿童友好社区....113
第二节 社区层面的儿童保护工作....122

第八章 儿童服务的其他常用技术....129
第一节 绘画：理解儿童的窗口....129
第二节 故事：疗愈儿童的工具....137

第九章 特别儿童的服务....145
第一节 困境儿童....145
第二节 困境儿童及家庭的风险识别....149
第三节 不同风险等级儿童及家庭服务....153

参考文献....161

第一章 儿童与儿童社会工作

◆ **本章要点**

- 社会工作者如何看待儿童，具有什么样的儿童观，会直接影响社会工作者向儿童提供的服务方式和内容，以及社会工作者在服务过程中所承担的责任。
- 每一名儿童与生俱来的四大基本权利是生存权、受保护权、发展权和参与权。
- 儿童社会工作的核心是保护儿童免受伤害，维护和保障儿童的权利。

儿童社会工作向来受到全世界的关注，联合国《儿童权利公约》明确规定："儿童系指18岁以下的任何人，除非对其适用之法律规定成年年龄低于18岁。"在我国，《中华人民共和国未成年人保护法》也明确规定："未成年人是指未满十八周岁的公民。"

除了年龄的标志外，儿童是谁？儿童成长的本质是什么？儿童及其童年具有怎样的地位和价值？成人应当怎样看待和对待儿童？

在真正走近儿童、为儿童提供专业服务之前，我们需要了解这些基础知识，并且表明我们是如何看待儿童、如何对待与儿童相关事件的。本章将展示儿童观的演变过程、与儿童相关的政策，并说明儿童社会工作的特点以及与儿童相处的原则等。

第一节 儿童观

学习活动 1-1

下面关于儿童的描述中，请选出你赞同的部分，并且和同伴分享一下理由。

(　) 儿童是父母的私有财产。

(　) 儿童是独立的个体。

(　) 儿童是缩小了的成人。

(　) 儿童是一块白板，一切的知识和观念都是从后天经验中获得。

(　) 儿童是未来的资源，早期的投资是为了将来获得更好、更多的回报。

(　) 儿童是有能力的、积极主动的权利主体。

(　) 儿童是成人的导师。

(　) 儿童是被动的接受者。

(　) 儿童是脆弱和无助的。

我们常常试图说明"儿童是谁"或"儿童是什么"，既可能从生物学的角度来描绘儿童的生长和发育过程，也可能从心理学的角度来讨论儿童的认知、情感、道德、社会性发展的阶段或规律，抑或从文学的角度来描述儿童以及儿童世界的真、善、美，也有从哲学、伦理学的角度来界定童年的价值、儿童生活的意义……即便从各个学科、各个角度把儿童描绘得再细微、再逼真、再活灵活现，但那都不是儿童，只是把儿童的形象"固定在词的世界之内"[①]。

当我们用词语来描述"儿童是谁"的时候，既包含了对事实的描述，也包含了对价值的判断。也就是说，在探讨儿童是谁的时候，既有从生理、心理等科学的维度所进行的事实描述，也有在哲学层面的价值判断。譬如在历史上，儿童曾被认为是小大人、是一块白板、是花草树木、是家庭的私有财产、是学习机器、是传宗接代与光耀门楣的工具……尽管成人社会的儿童观念并非等同于儿童本身，儿童观与现实儿童之间的相似性和差异性无疑是存在的，但前者却影响着后者。

儿童观是人们对儿童的根本观点与态度，是人们对儿童成长、成熟的理性或非理性认识，是成人对儿童的看法以及对待儿童的主张。如何看待决定了如何对待。因此，当

---

① 杜小真编选《福柯集》，上海远东出版社，2002，第118页。

我们说儿童是儿童的时候，并非简单的语义反复，它既包含事实判断，亦蕴含价值伦理——儿童应当"是其所是"，成人应把儿童当作儿童来对待。[①]

秉持何种儿童观，决定了社会工作者如何对待儿童。因此，社会工作者需要全面了解儿童观的发展历程，形成符合专业价值理念的儿童观，并且能够梳理清楚自身所认同并坚信的儿童观。这决定了社会工作者当下及长远的服务行为，影响着儿童福利政策的践行。

一、中国的儿童观

儿童观是成人社会对儿童的认识和看法，包含个人状况和社会角色定位两个方面：个人状况方面，主要关注儿童身体的成长发育、情感与心理；社会角色定位方面，主要关注儿童与他人的关系和对他人的价值。中国儿童观在不同历史时期有其不同特征，并伴随着社会发展而不断变化。可以说中国儿童观的变迁史就是中国儿童福祉变迁史，同时也能折射出中国政治、文化、教育、经济的变迁历程。

（一）古代中国的儿童观（夏商至1840年前）

在古代中国，家国情怀是每个中国人引以为傲的文化基因，儒家的仁爱思想对于儿童观的形成影响深远，儿童被置于家庭、国家、民族三个维度之中，形成了中国封建社会的儿童观。

中国古代文化中对儿童的"爱"主要体现为"慈""亲""仁爱"三种行为，既包含了对家庭或家族内的儿童的爱护，也有对家庭外的非亲困境儿童的施舍、救济和互助。这些行为不仅是封建社会稳定的因素之一，也是各种善行思想发展的原动力。在实施的主体上，除了孩子的父母外，还有"国"（慈幼局、举子仓）、"家"（亲属收养）、"宗族"（义学）等，但大多数是针对孤儿、弃儿、病儿等弱势儿童的救助，从最初提供生活物资的一般性帮助，发展为疾病救助、免费上学、职业培训、婚姻嫁娶等全面性的帮助。

---

① 蒋雅俊、刘晓东：《儿童观简论》，《学前教育研究》2014年第11期。

家庭和家族对儿童的期望主要有两个，即成人和成才，与之对应的则是人才观和成才观，这决定了对儿童的评价标准。在古代，光宗耀祖是家庭和家族对儿童的期盼，也是儿童（尤其是男童）的责任和义务。士农工商的社会等级划分使得"学而优则仕"成为进入上层社会的首选路径，而参与官方的人才选拔（例如察举制、科举制）是"成才"的首要选择，刻苦读书是备受推崇的成才方式。古代中国"好孩子"的标准主要体现在四个方面：稳重、至孝、好学、聪颖。如三国时的曹冲："邓哀王冲字仓舒。少聪察岐嶷，生五六岁，智意所及，有若成人之智。"儿童需要遵守"长幼有序"的儒家礼法，处于被动顺从的地位。[①]

另一方面，中国古代男女儿童地位差异较大，重男轻女是社会的主流思想。男子与生俱来负有祭祀祖先、赡养父母和传承香火的职责，以及拥有继承财产的权利；在财产继承上，女子则少有机会。在社会制度和思想上，从西汉的"三纲五常"到明清的"贞洁烈女"，女性的社会地位在大部分时间里是远低于男性的。儿童亦是如此，女童读书的机会和时间明显少于男童，男童被寄予"齐家治国平天下"的厚望，而社会却认为女童处于"女憧，妇空空"的状态是合理的。

（二）近代中国的儿童观（1840年至1949年）

近代中国在政治、经济、思想等方面都发生巨变的时代背景下，儿童观也有了巨大的变化，一方面是人们对传统儿童观的反思与批判，另一方面则是对外来儿童思想的学习和改造。

相比古代中国的儿童观，近代中国社会对儿童的特点和价值给予更多的承认和尊重，提倡保护儿童的自由和个性。当时的教育家大都提倡"做中学"的教育方式，陶行知认为儿童是有价值的，并提出了"小先生说"的理念，提倡人人皆可为老师，成人要向孩子学习；还提出了"生活教育理论"这样符合儿童学习和成长特点的观点。教育家陈鹤琴则提出"活教育"理论，并开展了儿童心理和教育的实验和研究，主张让儿童动

---

① 隽国斌：《中国儿童观的变迁及对新时代教育的启示——基于历史发展角度的考察》，《福祉研究》2021年第4期。

手、动脑,走出学堂,走进自然和社会。这个时期对儿童的重视程度在多个层面均有很大提升,儿童被视为理想、希望、未来的美好象征,代表着光明、纯洁、快乐与无邪。社会观念逐渐变化,人们用基于生物本性的"爱"替代封建文化中因交换关系和利害关系而产生的"恩"。同时,科学也更多地融入儿童教育之中。

家庭关系的变革也是儿童观转变的一种体现,这种转变是由父母"恩"到父母"爱"的转变,是由"儿女是私产"到"儿女是责任"的转变。鲁迅说:"所生的子女,固然是受领新生命的人,但他也不永久占领,将来还要交付子女,像他们的父母一般。只是前前后后,都做一个过付的经手人罢了。"[①] 新文化运动对封建思想和封建礼教进行了猛烈的抨击,家庭中的"大家长制"及以孝为核心的家庭伦理关系也日渐松动,家长的权威虽然仍在,但儿童的话语权也在增大,儿童变得更加"自由"和"独立",对于家长的各种"包办"行为也有了更多的抵制。儿童有了自己的想法和行动,常见的"独立行为"包括在新式学堂中学习新思想、参加革命、抵制包办婚姻等,最终的结果是儿童在家庭中获得了更多的"自由",有了更多的话语权。

中国近代的四个学制,清末《钦定学堂章程》、《奏定学堂章程》、民国时期的壬子癸丑学制和1922年"新学制",都将儿童7岁之前受教育的权利纳入学制当中,这说明政府已经意识到并主动承担了教育儿童的职责。中华民国教育部将1935年定为全国儿童年,组织多个全国性活动,引发社会对儿童的关注。这些活动普及了新的儿童思想,提出"儿童是中国未来的主人翁""儿童是中华民族的继承者"等口号,以提升儿童的社会地位。由此可见,近代中国政府已经认识到儿童关乎民族、国家命运的重要性与自身的职责所在,并通过制定法律等方式付诸实践,使得这一时期的儿童教育达到了一个新的高度,并尝试与国际接轨。

(三)现代中国的儿童观(1949年至今)

随着新中国的建立,社会制度的改变也给儿童观带来了新的变化。这一时期新制度

---

① 何茜曦、孙津:《近代以来中国儿童观的政治因素及嬗变历程》,《当代青年研究》2019年第2期。

刚刚建立，儿童被视为国家的财产，"无产阶级""生产劳动"等词语成为儿童成长的目标和内容，儿童个体的需求没有得到明显的考虑，更多强调儿童的政治属性和社会属性。[1]

随着高考制度的恢复，儿童逐步回归教育、回归学校、回归家庭，儿童身上的政治属性减轻，作为"人"的生物属性重新成为主要关注对象。1979—1989 年间，国家通过召开全国性托幼工作会议及颁布条例、规程等方式，引导社会重新关注儿童的特点、主动性和创造性，并进一步提出发展儿童个性的要求，儿童观开始进入恢复期。

1991 年，第七届全国人民代表大会常务委员会第二十三次会议批准了《儿童权利公约》，从此《儿童权利公约》成为中国认可的国际公约，这标志着我国的儿童政策重新与国际接轨，儿童的生存权、发展权、受保护权、参与权等基本权利再次进入社会和家长的视野，中国开始进入谨慎地探索、学习和改变儿童观的阶段。

随着经济的快速发展、对外交流的深入、家庭收入的增加，更多的家庭将精力放在对儿童的"养"和"育"的思考和探索上。伴随着对未来生存竞争的担忧，以及让孩子"赢在起跑线"的想法，如今的家长大都延续传统的严格管教的做法，更专注于孩子的"学"。同时也有部分家长通过读书、参加培训等多种途径摆脱传统的育儿方式，儿童观呈现出交织与变革、纷繁与杂乱的局面。

2010 年被称为"儿童福利元年"，儿童相关政策迎来了转折期。政府层面自 2010 年开始采取了一些实质性的行动，颁布了《中国儿童发展纲要（2011—2020 年）》等一系列儿童相关政策，为儿童发展创造更好的环境，使得儿童的权利获得进一步保障；在加强帮扶儿童群体的同时，开始覆盖全体儿童。这一时期社会开始讨论尊重、平等、权利、保障、儿童身心特点等话题，经历从"儿童特色、儿童需求"到"儿童本位、儿童保障"的转变。

2020 年修订的《中华人民共和国未成年人保护法》，坚持最有利于未成年人的原则，凸显政府责任，增加"政府保护"和"网络保护"专章，进一步完善了未成年人法治体系的主体框架。2021 年制定的《中华人民共和国家庭教育促进法》将家庭教育

---

[1] 隽国斌：《中国儿童观的变迁及对新时代教育的启示——基于历史发展角度的考察》，《福祉研究》2021 年第 4 期。

由传统"家事"上升为重要"国事",明确了家庭教育的任务和主体责任。2021年,国务院颁布实施的《中国儿童发展纲要(2021—2030年)》提出儿童事业在健康、安全、教育、福利、家庭、环境、法律保护等7个领域的70项主要目标和89项策略措施,地方各级政府相继制定本地区儿童发展规划,基本形成了国家发展纲要和地方发展规划相结合、整体规划和部门规划相结合的促进儿童发展的规划体系。因此,我们要坚持儿童教育的优先发展,推进儿童健康服务的优先供给,努力实现儿童福利的优先保障。这些举措从根本上确保了儿童事业与经济社会的同步推进、同步发展,将儿童发展和权利保障放在了更加优先的战略位置。

二、西方的儿童观

(一)古代西方的儿童观

古代西方儿童观总体上呈现出"儿童作为成人附属物"的基调。具体来说,远古时期表现为"儿童作为氏族公共财产",可由氏族任意处置。据史料记载,原始部落中甚至还流行着弃婴或杀婴献祭的现象。古希腊及罗马时期表现为"儿童作为父母的私有财产",父母对于儿童具有生杀予夺的权利。譬如,在斯巴达,孩子一出生便被送往部落长老处接受检查,若身体孱弱则由父亲决定将其出卖或是杀死。亚里士多德(Aristotle)时代的希腊人,对杀害婴儿的行为没有任何道德或法律上的约束,尽管亚里士多德认为这种可怕的传统应该加以限制,但他并没有对此提出强烈的反对意见。当年柏拉图在《普罗泰哥拉》里说起收拾不听话的儿童时,提出要用"恐吓和棍棒,像对付弯曲的树木一样",将他们扳直。尽管如此,这一时期也有不少思想家开始关注儿童的生活与教育。柏拉图认为在儿童的早期阶段,其身心发展主要受到感觉和情绪的控制,主要依靠游戏来进行学习。

中世纪时期,盛行着"原罪说"和"预成论"的儿童观。"原罪说"从性恶论假设出发,主张儿童是天生的罪人,是恣意妄为的捣蛋鬼,需要严加管束,以免变得更为邪恶,因此在教育上应该重在教其克制自己的欲望。"预成论"则认为在形成受精卵时便有了一个极小的成型的人，儿童与成人没有质的差别，只有量的不同。意即儿童是小大人，与成人仅在身体大小和知识多寡上有区别。因此，"预成论"并不承认儿童具有无限发展的潜能，不承认儿童拥有自己的世界，不承认儿童有其独特的成长需要。

随着文艺复兴时期新思想的潮涌，西方社会逐渐开始关注儿童的主体地位，尤其是在"人本主义"思想体系下出现的新的人类观。这种人类观强调："人根据经验思维带来'自然'认识的转变，人是完全可以认识的、自由的、有规律的活动体。"基于这种人类观，儿童也从传统社会的从属关系中逐渐解放出来，进而引申出"儿童是自由而具有发展可能性的存在"这一儿童观。[①]

（二）近代西方的儿童观

在16、17世纪，一些哲学家开始思考儿童的本质问题。例如英国哲学家约翰·洛克认为："儿童是一张白纸或一块蜡，是可以随心所欲地做成什么式样的。"他否定了笛卡尔的天赋观念，认为儿童生下来就是一张白纸，不带有任何特性或人格，需要通过后天的不断学习才能够逐渐掌握相应的知识，完全被成长过程中的经历所塑造，并且学习的差异也会引导其成为具有不一样才能的人。与此同时，洛克还反对中世纪"原罪说"的儿童观，认为体罚是教育上最不适用的一种方法。

18世纪，法国的伟大启蒙思想家卢梭对"儿童"概念的发现实现了儿童观历史上的"哥白尼式的革命"。对"儿童"概念的发现，是以卢梭《爱弥儿》的问世为标志的，他在该书中明确指出："在万物中，人类有人类的地位，在人生中，儿童有儿童的地位，必须把人当人看待，把儿童当儿童看待。"在他看来，"把儿童当儿童看待"，首要的是成人必须认识到儿童不同于成人的特点，即把儿童期看作人生的一段特殊发展时期加以研究，研究儿童不同于成人的特殊需要，研究儿童不同于成人的独特的精神生活。"儿童是有他特有的看法、想法和感情的，如果想用我们的看法、想法和感情去代替他们的看法、想法和感情，那简直是最愚蠢的事情。"

---

① 杨小微、罗丽：《儿童观演进与儿童哲学教育的未来》，《华中师范大学学报（人文社会科学版）》2023年第2期。

（三）现代西方的儿童观

20世纪被称为"儿童的世纪"。人们越来越重视儿童的主体地位，现代西方的儿童观在各种观点争鸣中继续演进，并在发展中不断强化对儿童的重视。

美国心理学家霍尔用"儿童中心"来概括19世纪末至20世纪初的新教育思潮，英国教育学者约翰·亚当斯在此基础上进一步将其发展为"儿童中心主义"。"儿童中心主义"实则受到实用主义教育家杜威相关教育思想的影响，而杜威的这一思想又可追溯到卢梭对"儿童"概念的发现和对儿童自然天性的尊重。杜威认为儿童具有一些潜在的本能，具有独特的创造力，其成长的过程就是本能得到发展的过程。基于此，杜威指出教育的主体不应停留在教师身上，而应转移到儿童身上。"儿童是起点，是中心，而且是目的……我们必须站在儿童的立场上，并且以儿童为自己的出发点。决定学习的质和量的是儿童而不是教材。"杜威围绕着儿童这一主体也提出了我们所熟知的"教育即生长""教育即生活""教育即经验的改造""从做中学"等教育理念，可以说，杜威至少是教育起点意义上的"儿童中心主义"者，他以尊重儿童的本能和兴趣的方式，将儿童置于教育活动的中心地位。

随着西方社会的不断发展，对儿童权益的保护逐渐得到各个国家以及国际组织的重视。1949年，为了悼念在二战的"利迪策惨案"以及所有在战争中死难的儿童，反对虐杀和毒害儿童，保障儿童权利，国际民主妇女联合会将每年的6月1日定为国际儿童节。联合国在1959年通过的《儿童权利宣言》明确了各国儿童应当享有的基本权利，并于1979年起草《儿童权利公约》，将该年定为"国际儿童年"。在这些文件中，儿童受到保障的权利不仅仅是基本的生存权和发展权，还包括受教育权、参与社会生活权等一系列权利，这使西方的儿童观不断走向成熟。

学习活动 1-2

在了解中西方不同历史时期的儿童观后，请返回学习活动1-1，再次思考其中的内容，总结出你对儿童的看法是什么，并反思这些看法对你开展儿童服务工作可能会产生什么样的影响（好的和不好的影响）。

第二节 儿童权利

随着社会的不断发展和进步，人们对儿童的认识也发生了较大转变，开始认识到儿童期在整个人生中的关键性作用，理解儿童的特殊性和特定需求，以及儿童作为独立个体参与和被尊重的意义。儿童事务不再被看作仅仅是家庭或父母的责任和义务，而逐渐被认可为一项社会事务和责任，一些针对特定困境儿童群体以及普惠性的儿童福利政策相继出台，儿童的社会地位、个体意志和权利保障方面都有了很大提高。

一、儿童的四项基本权利

当前，国际、国内普遍认可由联合国《儿童权利公约》（简称《公约》）所确立的儿童观。《公约》强调儿童最大利益原则、尊重儿童权利与尊严原则、无歧视原则以及尊重儿童观点四个基本原则，认为涉及儿童的一切行为，必须考虑儿童的最大利益，并在此基础上提出一系列必须得到保障的儿童权利。整个《公约》中提到的儿童权利多达几十种，但最基本的权利可以概括为：生存权、受保护权、发展权和参与权。

（一）生存权

生存权是儿童生活成长的最基本的权利，具体包括生命权、健康权、医疗保健权，以及与"生活""生存"密切关联的姓名权、国籍权等多项权利。《公约》第六条规定："缔约国确认每个儿童均有固有的生命权。缔约国应最大限度地确保儿童的存活和发展。"

对于尚处于个体发展初期的儿童而言，其无法独立创造、提供及获取生存所需的基本资源，因此，该权利必须由家庭或社会来保障。家庭和社会应当承认儿童的存在及固有身份，保障每个儿童固有的生命权和健康权，为其提供基本生活资料并满足其生活需要，保障其拥有良好的生活环境，使其在必要的时候获得预防保健和医疗照顾的权利。

除了对物质层面的权利保障外，儿童的生存发展也需要精神上的关怀，即享受爱的权利，这种精神层面的关爱会直接影响儿童的心理健康状况和心智发展水平。

（二）受保护权

《公约》第十九条规定："缔约国应采取一切适当的立法、行政、社会和教育措施，保护儿童在受父母、法定监护人或其他任何负责照管儿童的人的照料时，不致受到任何形式的身心摧残、伤害或凌辱，忽视或照料不周，虐待或剥削，包括性侵犯。"第二十三条规定："缔约国确认身心有残疾的儿童应能在确保其尊严、促进其自立、有利于其积极参与社会生活的条件下享有充实而适当的生活。"第三十四条规定："缔约国承担保护儿童免遭一切形式的色情剥削和性侵犯之害"。儿童相比成人，身体和心理的发育尚不成熟，各方面能力尚未习得或发展全面，其生存和健康发展需要依赖家庭和社会的保护。所有儿童都应当享有父母或其他监护人的照料和养育，避免遭受各种形式的虐待、剥削和伤害，不因个人或其父母的种族、肤色、性别、宗教及身体状况等因素受到歧视，同时其尊严和隐私权均应得到保障。社会要建立合理的制度和法则，保障儿童身心健康成长，合法权益免受侵犯；同时需要向儿童普及自我保护知识，提升儿童自我保护的能力。

（三）发展权

《公约》第二十八条规定"缔约国确认儿童有受教育的权利"，并应"在机会均等的基础上逐步实现此项权利"。第二十九条规定："缔约国一致认为教育儿童的目的应是最充分地发展儿童的个性、才智和身心能力……"儿童的发展是多层面、持续的过程，既包含自理能力、学习能力、工作能力的习得和增强，也包括心理的成长、生活和社会适应能力的提升，因此，除最基本的受教育权之外，儿童还拥有游戏和休闲的权利、获得良好心理发展的权利以及获得社会技能的权利。

儿童有接受符合自身年龄阶段的教育的权利。在儿童接受教育的过程中，我们要重视儿童喜爱游戏的天性，对儿童来说，游戏娱乐不仅仅是放松玩乐、缓解压力的活动，也是建立伙伴关系、了解合作和团队、激发灵感与想象的过程。

（四）参与权

《公约》第十二条规定："缔约国应确保有主见能力的儿童有权对影响到其本人的一切事项自由发表自己的意见，对儿童的意见应按照其年龄和成熟程度给以适当的看待。"儿童对一些事务特别是涉及自身的事务应当享有参与协商和发表意见的权利。在成年人主导的社会中，儿童作为有思想、有情感的独立个体，其尊严和意见常被忽视，且这种忽视往往以"保护"为由。事实上，由于代际差异和沟通有限，儿童的观点和感受很多都得不到清楚的理解，成人对儿童需求的认识也会出现偏差，从而影响儿童需求的满足和权益的保障。儿童最了解自身的感受和需要，因而在讨论任何涉及儿童的决定时，无论是在家庭还是在整个社会范畴，儿童应当能积极参与其中，并享有相应的表达权，其意见应当作为重要的参考被倾听和尊重。

学习活动 1-3

请阅读《儿童权利公约》全文和绘本《孩子的权利》[①]，并尝试向一名成年人和一名儿童解释"什么是儿童权利"。

二、社会工作与儿童权利

对于社会工作者而言，《公约》不只是保存在大脑中的条款、文书，更是需要时刻在工作中践行的价值伦理原则和行动指南。

从儿童权利的观点出发，第一，社会工作者必须认同并接受儿童与成年人同样是作为独立个体的人。自儿童出生开始，就尊重和重视儿童是完整的人，这对社会工作者来

---

① 《孩子的权利》是一本给儿童看的绘本。儿童可以通过阅读该绘本了解《公约》的主要内容，该绘本也能够帮助社会工作者学习用儿童的语言介绍《公约》。

说极为重要，这并不是否定儿童会随着岁月流逝而成长和改变，而是给予他们自出生始便拥有的完整地位。第二，接受儿童期本身是重要的。儿童期并非只是通往成年期的一个阶段，因此，儿童服务的重心应是强调儿童期此时此刻的经验。第三，从儿童权利的观点出发，即承认儿童能主动掌握自己的生命。社会工作者绝不能低估儿童所累积的知识，以及他们对自己的所需和人生经验的洞悉。社会工作者虽然可能拥有儿童所没有的资讯，但绝不能假设自己比儿童自身更了解儿童的生命。第四，社会工作者需要辨识和解决年龄歧视的问题，明白儿童大都单单因为年龄而受到不认真的对待。第五，从儿童权利的角度去工作。社会工作者需要注意到婴儿和幼童是特别脆弱的，这是因为他们身体较小，完全要依靠成年人。儿童的脆弱是因为他们没有足够的体力、经验或心理能量去抵挡由成人带来的压力，这往往容易导致被剥削和被虐待的后果。

坚守《公约》原则的社会工作者需要一些特别的技巧，除了社会工作的基本训练外，也需要掌握一些关于儿童成长的知识和经验，还需要适当的人际沟通技巧，以互相尊重的态度，与儿童完成有意义的沟通。社会工作者必须愿意倾听儿童的声音，并实现儿童参与的权利，例如让儿童通过游戏、戏剧、绘画和对话等方式来参与活动。在与儿童沟通时，社会工作者不应把个人的诠释强加在儿童的行为及表现上。社会工作者可能被赋予一些有关儿童及青少年的特别权力，尤其是在家庭中受到恶劣对待的儿童或在接受司法调查的青少年。社会工作者在行使权力时，必须以儿童的最大利益为依据，时刻警惕并避免在社会工作实践中出现的偏见或歧视。

学习活动 1-4

自从小林参加了"儿童权利工作坊"后，在家"言必谈权利"，时常指责父母侵犯了他的权利，甚至以"游戏是儿童的权利"为由，持续用手机玩游戏，拒绝听从父母对他的学习和生活的安排。小林的父亲认为社会工作者"教坏"了孩子，"破坏"了亲子关系。

小组讨论

★作为社会工作者，如何引导不同年龄段的儿童正确理解儿童权利？

> 儿童社会工作

★如果你是这个工作坊中承担主要职责的社会工作者，面对这样的情况，你将如何处理？

第三节 儿童社会工作

学习活动 1-5

某社区儿童中心社工实习生向督导抱怨说："我每天的工作就是在和小朋友玩游戏、做手工、辅导作业……这些事情好像谁都可以做，完全用不上什么专业知识，儿童社会工作的专业性到底体现在哪里？而且，机构每周都让我去社区广场做宣传，给路人分发保护未成年人的宣传单，这有什么意义呢？谁会关心这些。"

你是否也有同样的疑问？

请和你的同学讨论并总结，什么是"专业"的儿童社会工作？儿童社会工作者需要向谁提供什么样的服务？

这一节，我们将了解什么是儿童社会工作，以及与儿童相处、为儿童服务的原则；也将共同探讨在不同的实务情境下，社工如何把握工作中的"度"，如何面对专业价值和伦理带来的挑战。

一、儿童社会工作

"儿童社会工作"这个概念在不同的国家和地区有一定的差异，我国1993年出版的《社会保障词典》中收录了"儿童社会工作"这一词条，并将其定义为"以儿童为案主的社会工作，不仅限于对贫苦无依儿童的收容教养，而且扩展成为对全体儿童的福利服务"。[①] 当前，政府对儿童社会工作的界定是："在现有的社会经济基础上，在当前的法

---

① 转引自王思斌主编《社会工作概论》，高等教育出版社，2006，第175页。

律、文化背景下，根据儿童的生理、心理特点和成长、发展的需要，以社会工作专业的价值为指导和科学的理论为基础，充分运用社会工作的专业方法和技巧对儿童开展的助人自助的服务活动。"①

我国台湾地区一般将儿童社会工作视为儿童福利服务的一种，划归于儿童福利的范畴之中，并依据联合国《儿童权利公约》中关于"儿童福利"的描述，将儿童社会工作定义为"以促进儿童身心全面发展与正常生活为目的的各种努力事业"②。该定义体现了"儿童权利最大化"和"儿童利益最优"的儿童本位思想和儿童福利服务理念，认为儿童社会工作的核心任务是满足儿童的身心发展需要并保障其全面、健康成长。在我国香港地区，儿童社会工作的定义是："以少年儿童为本，制定清晰的发展目标，根据他们在不同阶段的发展需要，同时配合社会发展阶段，以综合的及团队的工作模式，提供个人及小组生活并重的服务。"③

此外，儿童社会工作还具有广义和狭义之分。狭义的儿童社会工作是一种事后补救性的社会工作，又称消极性儿童社会工作，其面向的群体为一些特定的儿童和家庭，特别是在发展上出现偏差或遇到障碍以致必要需求无法满足的儿童。面对这类儿童，社会工作者可通过治疗性服务或救助性帮助等方式，实现问题的解决和儿童的健康成长。广义的儿童社会工作则具有普惠性，其服务的对象为全体儿童，旨在保障儿童的基本权利，促进儿童的全面发展。

从上述对儿童社会工作的定义来看，其主要包括以下四个基本要素：对象、目标、专业方法和服务类型。

（一）儿童社会工作的对象

从国际和国内对于"儿童"概念的界定来看，儿童社会工作的服务对象即为0—18

---

① 全国社会工作者职业水平考试教材编写组编写《社会工作实务（初级）》，中国社会出版社，2010，第55页。
② 转引自王思斌主编《社会工作概论》，高等教育出版社，2006，第175页。
③ 陆士桢、任伟、常晶晶：《儿童社会工作》，社会科学文献出版社，2003，第17页。

岁的儿童。从广义的儿童社会工作来看，我国已经形成了一种面向全体儿童，同时特别关注有特殊需求的儿童的服务体系。一方面要面向处于"儿童"这一特殊的成长阶段的所有社会成员，开展普遍性的成长、教育、发展方面的服务工作；另一方面也需要针对处于不同发展阶段及不同环境、有着不同具体需求的儿童个体或群体，提供适宜的、有指向性的专业社会工作服务。总体而言，儿童社会工作的直接服务对象包括普通儿童、困境儿童和受侵害儿童三类。

儿童社会工作除了直接服务儿童之外，还有哪些人或群体是儿童社会工作的间接服务对象？

在"人在情境中"的社会工作理念下，环境在影响个体的同时，个体也在影响着环境，两者间的相互作用对个体的生存与发展具有重要意义。因此，对于儿童社会工作服务而言，服务对象除了儿童外，还包括与儿童相关的人、人群和系统。

依据生态系统理论的观点，儿童所处的社会生态系统包括微观系统、中观系统、外部系统、宏观系统和时序系统。

微观系统是儿童成长中最直接接触和产生体验的环境。在微观系统中，个体自身从事活动、承担角色、发展人际关系，并亲身获得真切的感受和经历。儿童的微观系统主要包括家庭、学校、同伴、社区和玩耍场地。如果一个系统没有在相当长的时间内与儿童有直接的互动，就不能被认为是儿童的微观系统。

中观系统是指微观系统之间的相互联系和影响，如家庭与学校之间的联系、家庭与社区之间的联系、家庭与儿童同伴之间的联系等。

外部系统是中观系统之外儿童没有参与却受其影响的生态环境。比如父母的工作场所、大众媒体、教育机构、社会福利，甚至政府政策等，儿童与它们没有直接的接触，但它们能够影响儿童直接接触到的环境，从而间接地影响儿童的成长。除了社会环境外，自然环境也是重要的外部系统，同样也会影响儿童的成长。

宏观系统涉及态度和文化意识形态层面，是儿童所处的社会文化、亚文化和社会环境背景，反映的是不同层次系统之间的相互作用。

时序系统是指个体的生活环境及其相应的种种心理特征随时间推移所具有的变化性

以及相应的恒定性,这种变化既可以由外部环境如兄弟姐妹的出生、父母离异、亲人死亡等引起,也可以由个体内部的因素如青春期的到来等引起。对儿童来说,随着年龄的增长,生理、心理的成长与变化会影响到他们与环境的互动关系以及个体本身的心理发展特征。

上述这些与儿童直接或间接相关的人、人群和系统都会对儿童产生影响。因此,在实务领域中,社会工作者不仅要关注儿童,还需要关注与儿童相关的系统的需求和困境,并且整合儿童以及与儿童相关的多方系统力量,进一步提升儿童的福祉。

(二)儿童社会工作的目标

王思斌教授在《社会工作概论》一书中指出,儿童社会工作的目的是激发儿童自我发展、自我成长的潜能,促进儿童全面健康地发展。儿童社会工作是通过对服务对象的需求评估,有的放矢地运用适合儿童群体的方法、儿童发展的科学知识和社会工作的实务理论,从不同层面为儿童及相关群体提供服务,创造儿童发展的良好环境,帮助其免遭权益侵害,促进儿童健康成长。

儿童社会工作的目标是有层次、有联系的目标体系。首先,儿童社会工作的具体目标聚焦于儿童面临的实际困境,旨在通过整合儿童自身力量和与儿童相关的资源,有效应对困境和解决问题。其次,中间目标指向儿童的能力提升和自我成长,协助儿童建立自尊、自信,使其对自我有客观清晰的认知,把握和认可自己的能力,能够积极主动地自助、求助;通过优化儿童福利服务,预防儿童问题出现,改善环境和儿童与社会的关系等。最后,儿童社会工作的终极目标是每一名儿童的潜力都能被充分发掘,每一名儿童的权利都得到充分保障,每一名儿童都免受伤害,儿童始终都能生活在友好的环境中。当然,终极目标既是儿童社会工作的最高目标和最终指向,也是每一名社会工作者的理想和最终奋斗目标。

(三)儿童社会工作的专业方法

儿童社会工作在具有一般社会工作的普遍特性的同时,也因为儿童的特殊性,在具体的助人方法中有其自身的特点，形成了一整套专门面向儿童的专业理论、伦理思想、服务方式和技巧体系。这一部分内容将在本书的第四章至第九章进行详细说明。

（四）儿童社会工作服务的主要类型

2014年12月，由民政部出台的《儿童社会工作服务指南》（编号MZ/T 058-2014）（以下简称《指南》）是我国第一个为有需要的儿童提供社会工作服务的民政行业标准。该标准明确提出儿童社会工作服务的主要类型，包括以下四类。

支持性服务：重视环境自身的力量，通过环境培育的方法，提高儿童所处环境的功能，强化照料者的能力，促进儿童健康成长。例如，为家庭教育提供心理咨询和抚育服务，增进父母的亲职功能。

保护性服务：通过外部监督、干预性服务等方式，防止儿童被虐待、忽视和剥削。如儿童保护热线、儿童防性侵服务，为受伤害的儿童提供庇护和心理干预，为离异家庭儿童提供心理疏导等。

补充性服务：通过专业介入，适当增强儿童所处环境中的某些薄弱或缺失环节，弥补家庭对儿童照顾功能的不足。例如，帮助儿童家庭申请相关的社会救助，包括现金救助、日用品补助和托育服务等。

替代性服务：当家庭照顾功能缺失时，针对儿童的实际需要，将儿童安排到适当的居住场所，提供一部分或全部替代家庭照顾功能的服务。例如，家庭寄养、收养、儿童福利院和未成年人救助保护中心对儿童的安置服务等。

二、儿童社会工作的服务原则

社会工作者需要依循专业的价值观和伦理守则与服务对象相处，但在变化无常的实践情境中，多元化的人际互动、理性与感性的互相拉扯、专业关系中"度"的把握，对每一个社会工作者来说都可能是挑战，尤其对儿童社会工作者来说更是如此。

📖 **学习活动 1-6**

小芳是 L 社区"儿童之家"的社会工作者,她在"儿童之家"工作了 5 年,与社区儿童和家长建立了非常好的信任关系。

朵朵的妈妈是社区的居民,也是"儿童之家"的核心志愿者;朵朵则是一个 7 岁的女孩,从 2 岁开始就跟着妈妈来"儿童之家"参加各种活动。朵朵的妈妈在从事志愿者工作时,会把朵朵交给小芳照看,朵朵也很喜欢和小芳一起玩游戏。

某一天活动结束后,因为朵朵在活动中表现突出,小芳表扬了朵朵,并且跟朵朵说:"我可以答应你一个愿望,你想要什么?"朵朵对小芳说:"芳姐姐,我想去你家玩可以吗?"朵朵的妈妈在一旁很放心地说:"你带她回去吧!她总是念叨着去你家玩,你把她带回去,明天上班带来'儿童之家'就可以了。你带她,我绝对很放心!"

请大家运用之前学过的社会工作的专业价值和伦理的相关知识,讨论并判断小芳应该怎么做才是符合专业性的。

社会工作者在日常工作中会遇到像学习活动 1-6 中的情况,这时社会工作者不需要深思熟虑,即刻就能做出决定,并给予回应。但一个符合"专业身份"的决定,需要社会工作者时刻保持对专业价值和伦理的敏感度,深刻理解和践行服务原则,从而做出最优的选择。这不仅仅是对价值观和伦理守则的单纯记忆,更是对自己所秉持的儿童观和专业信念的践行,以及对儿童本人及其所处环境进行评估后,才能做出的专业选择。

《指南》提出了五条服务原则,包括优先原则、利益最大原则、伤害最小原则、平等参与原则和生态系统原则。

(1) 优先原则:社会工作者在政策规划、服务计划制定、资源配置和服务提供等方面,应优先考虑儿童的利益和需要。

(2) 利益最大原则:社会工作者应以儿童为中心,从儿童身心发展特点和利益出发,提供专业服务,最大限度保障儿童权益。

(3) 伤害最小原则:社会工作者在工作中如果无法避免造成伤害,应尽量选择对儿童造成最小伤害的方案,或者是最容易从伤害中恢复的方案。

（4）平等参与原则：社会工作者应创造公平的环境，确保儿童不因民族、种族、性别、家庭出身、宗教信仰、教育程度、财产状况、居住期限受到任何歧视，保障所有儿童享有平等的权利与机会。

（5）生态系统原则：社会工作者应重视家庭的作用，运用生态系统的观点，从儿童自身及其与家庭、朋辈群体、社区、学校、服务机构等的互动关系中分析儿童问题，识别所需资源，提供专业服务，促进儿童发展。

上述五条原则，与尊重儿童的价值与尊严、相信儿童的潜力、关注儿童权益保护等专业价值观相结合，共同为社会工作者在儿童服务的实践环境中提供了正确的指引，但在具体的实务情境中，社会工作者仍需发挥自身智慧，回应现实中的各种疑问，寻找最优的解决路径。

学习活动 1-7

在下列案例中，社会工作者的难点是什么？有哪些张力？在提供服务前，需要对哪些因素进行考量？

小静的母亲在一个月前因无法忍受家暴而离家出走，音信全无。小静的父亲以打零工为生，无固定收入，且长期酗酒。13 岁的小静放学后不仅要做家务，还要照顾 8 岁的弟弟和 5 岁的妹妹，甚至还要照顾醉酒的父亲；有时因为家务没有做好，还会被父亲打骂。小静向学校的社会工作者透露，她感觉很累，也想要离开家。

每一个儿童以及儿童所处的环境都是不同的，社会工作者如何为其开展服务工作并没有标准答案。在服务的过程中，社会工作者要始终牢记专业的初心和服务的使命，在专业规则的框架内，保持对不同张力、不同情境的敏感度，灵活性、创造性地提供适宜的服务，回应服务对象的问题，满足服务对象的需求。

第二章 儿童保护与儿童伤害

◆ **本章要点**

- 儿童保护的核心是保护儿童免遭忽视、虐待、剥削和暴力伤害。
- 开展儿童保护工作的前提是识别儿童伤害,并动员全社会的力量,运用法律和专业力量维护儿童权利。
- 社会工作者需要了解伤害行为的界定,了解受伤害的儿童的行为表现,了解儿童伤害的一般规律,并且找到有效的方法,才能保护儿童免遭伤害。

儿童是国家的未来、民族的希望,儿童保护的重要性不言而喻,且屡屡成为社会各界关注的热点。儿童是社会中最容易受到伤害的群体,他们的心智尚未成熟,身体还处在成长发育阶段,生活上主要依赖成人、家庭和社会。在本章中,我们不仅会学习到儿童保护的相关知识,也将详细了解儿童伤害的具体内容。一线社会工作者只有清楚知晓什么是儿童伤害,才能为已经遭受伤害的儿童提供补救和支持性服务,才能更好地提供使儿童免受伤害的预防性服务,才能有效倡导全社会为儿童成长提供立体性保护。

第一节 儿童保护

一、儿童保护的概念

儿童是社会的弱势群体,最容易受到伤害,"脆弱性"是儿童的重要特征。弗洛伊德（S.Freud）的心理学研究表明，童年的压抑与伤害会深埋于心，影响终身，是各种心理疾病和心理问题的源头；与此相反，幸福的童年能够为其未来的发展积蓄正向力量。① 所有儿童，无论他们身处何地，无论他们状况如何，都有权受到保护。

儿童保护的概念有狭义和广义之分。狭义的儿童保护专指保护儿童免受父母或其他任何人任何形式的歧视、身心摧残、虐待、遗弃、照料疏忽或剥削；当儿童有需要时，应提供适当的照顾及康复服务。广义的儿童保护针对的是所有儿童，旨在通过提供一系列支持和帮助，保障他们基本的生活。在以儿童权利为本的理念指导下，广义的儿童保护即指为保障儿童全面实现各项权利所采取的各种措施与行动。

如果说狭义的儿童保护只是针对儿童的受保护权，那么广义的儿童保护则包括为儿童的生存权、发展权、保护权和参与权之实现提供保障。② 简言之，广义的儿童保护是指保障儿童各项权利得到实现。

本章中所指的"儿童保护"，即通过各种制度安排和具体行动来保护儿童免受伤害并保障其正常生活。

二、儿童保护的法律基础

在现实中，由于儿童具有特殊的社会属性，儿童保护通常与成年人的相关责任、义务界定和行为要求直接相关，所谓"儿童保护机制"则是指有关儿童保护方面特定责任归属和保护措施的具体安排。例如，到底由谁具体负责发现受伤害的儿童或生活处于非正常状态的儿童？又由谁具体负责提供相应的服务或帮助以使儿童脱离伤害，回到正常的生活状态？这些负有相关责任的主体（人或机构）具体又该怎样做，才能及时发现需要保护的对象并提供各种帮助？"儿童保护机制"的建立最重要的是完善相关的法律基础和制度。

2020年10月17日，中华人民共和国第十三届全国人民代表大会常务委员会第

---

① 李昕莞：《儿童权利保护的伦理意蕴》，《伦理学研究》2024年第2期。
② 贺连辉、陈涛：《我国社区儿童保护和服务机制发展新走向》，《中国青年社会科学》2018年第3期。

二十二次会议修订通过了《中华人民共和国未成年人保护法》(简称《未成年人保护法》),这是以习近平新时代中国特色社会主义思想为指导,全面贯彻党中央关于加强未成年人保护的精神和要求,坚持从国情实际出发,强化问题导向,着力完善相关制度和工作机制的保护未成年人的专门法。作为未成年人保护领域的综合性法规,《未成年人保护法》对未成年人享有的权利、未成年人保护的原则和未成年人保护的责任主体等做出明确规定,强调家庭保护、学校保护、社会保护、网络保护、政府保护和司法保护六大领域,并包含发现未成年人受侵害后的强制报告机制。

《未成年人保护法》作为一部未成年人保护的基础性、综合性法律,已经构建起我国未成年人保护的基本制度框架。未来的儿童权利保障工作需要在《未成年人保护法》统领下,将儿童发展和权利保障放在更加优先的战略位置,全面构建新时代保障未成年人权利的制度体系。目前的司法实践也体现了这一趋势。例如:2015年制定的《中华人民共和国反家庭暴力法》,是我国历史上第一次以专门立法的形式全面防治家庭暴力,为预防和制止对儿童的家庭暴力提供了法律支撑;2020年颁布的《中华人民共和国民法典》,全面加强对未成年人民事权益的保护,完善了儿童监护制度;2020年修订的《中华人民共和国预防未成年人犯罪法》,对未成年人不良行为、严重不良行为进行分级预防、干预和矫治;2021年制定的《中华人民共和国家庭教育促进法》,将家庭教育由传统"家事"上升为重要"国事",明确了家庭教育的任务和主体责任。具有中国特色的未成年人保护法律体系日臻完善,为保护未成年人身心健康提供了有力的法治保障。

社会工作者需要对相关的法律非常熟悉,因为这些法律是在工作中能够直接运用的重要资源。

由于儿童及其家庭遇到的问题各式各样,需求也千差万别,儿童在成长过程中所涉及的内容也非常多,所以社会工作者还需要了解民政、教育、司法、卫生、共青团、妇联、社会保障等部门相关的政策。社会工作者越熟悉相关政策,当服务对象有需求时,就越清楚知道哪些部门的哪些政策可以提供给服务对象,让他们能够及时了解政策或获取资源来解决问题和满足需求。

📖 **扩展阅读**

（1）《中华人民共和国未成年人保护法》。

（2）《中华人民共和国预防未成年人犯罪法》。

（3）《中华人民共和国家庭教育促进法》。

（4）《未成年人学校保护规定》。

（5）《中华人民共和国反家庭暴力法》。

（6）《最高人民法院、最高人民检察院、公安部、民政部关于依法处理监护人侵害未成年人权益行为若干问题的意见》。

（7）《最高人民检察院、国家监察委员会、教育部等九大部门关于建立侵害未成年人案件强制报告制度的意见（试行）》。

（8）《未成年人网络保护条例》。

三、儿童保护的责任主体

保护儿童是全社会的责任！

家庭是孩子生活的第一场所，父母是孩子的第一任老师，更是保护儿童的第一责任人。《未成年人保护法》明确规定监护人的监护职责：未成年人的父母或者其他监护人应当为未成年人提供生活、健康、安全等方面的保障，关注未成年人的生理、心理状况和情感需求，保障未成年人休息、娱乐和体育锻炼的时间等。

"以家庭监护为主，以学校、社区或其他人员监督为保障，以国家监护为补充"的监护制度，要求政府、学校、社区提供公共服务，对有需要的家庭实施监护干预和指导，以提升家庭监护意识与能力，帮助家庭正确履行监护职责；对监护失职的父母或其他监护人，通过发放督促监护令或者家庭教育指导令等形式，实施强制亲职教育。同时，落实监测与发现报告机制，强化村民委员会、居民委员会的排查责任，动态掌握辖区内未成年人家庭监护状况，切实增强政府、相关机构、密切接触未成年人的单位及其人员的强制报告意识。

一是明确保护工作职责。作为国家负责儿童工作的议事协调机构，国务院具有优化调整未成年人保护的工作职责，组成由37个成员单位参加的妇女儿童工作委员会，与中央政法委、最高人民检察院、最高人民法院等多部门协调，充实工作力量，强化工作规则和任务职责。二是完善协同机制。针对打击拐卖儿童犯罪、流动留守儿童和困境儿童保障关爱服务等工作，政府相关部门分别建立了联席会议机制和工作小组，人民法院、人民检察院、教育部门、公安机关、民政部门、妇联、共青团等部门加强会商联动，形成合力，推动解决预防未成年人犯罪以及未成年人遭受性侵害等突出问题。三是加强儿童保护机构建设。为解决儿童福利工作多头管理、目标任务分散等问题，民政部成立了儿童福利司，专门履行儿童福利、孤弃儿童保障、儿童收养、儿童救助保护的政策标准制定、机构管理、农村留守儿童关爱服务等职能，为加快儿童福利事业的发展奠定组织基础；最高人民检察院增设未成年人检察厅，专门办理未成年人犯罪案件和侵害未成年人犯罪案件，开展未成年人司法保护和预防未成年人犯罪工作，从立案监督到逮捕、审查起诉、出庭公诉以及执行监督的各个环节加强对未成年人的司法保护；最高人民法院成立少年法庭工作办公室，并在6个巡回法庭设立"最高人民法院少年法庭巡回审判点"，负责综合统筹未成年人审判指导，参与未成年人案件审判管理，协调开展未成年人案件巡回审判等工作。目前，我国已经形成党委领导、政府主责、多部门合作的儿童保护工作机制。[1]

儿童保护工作涉及多个部门、多个领域，是一项复杂的社会系统工程，建立和完善机制是多部门有效合作的必然要求。牵头部门要发挥儿童保护工作的组织、协调、指导、督促作用，相关部门应根据《未成年人保护法》细化职责，明确要求，配合牵头部门的工作。实践中，合作机制的具体运转方式包括多部门定期会商、联合调研、召开专项推进会、典型示范、现场办公、发布工作通报、进行简报信息交流等形式，通过多部门合作形成责任链条和工作合力。儿童是一切事业的希望所在，儿童保护事业的高质量发展将为每一个儿童生存、发展、受保护和参与权利的实现奠定良好基础，为推进中国

---

[1] 宋文珍：《新时代儿童权利保障的实践、困境与制度完善》，《少年儿童研究》2024年第4期。

式现代化提供强大动力。

第二节　儿童保护工作开展的基础[①]

一、儿童保护工作的理论视角

儿童保护工作的有效性不仅仅取决于实践，更重要的是指导实践的理论模式。以下所列出的理论视角有相当丰富的阅读资料可供学习，在儿童保护实务工作中提供了基本指引。

生态系统理论视角：根据心理学家布朗芬·布伦纳的生态系统理论，人类成长生存与其中的社会环境（如家庭、团体、社区等）是一个相互影响的生态系统，儿童保护问题的发生可能是一组复杂的、风险因素相互作用的结果，因此相关干预活动的开展需要综合考虑到多个层面。

优势视角：这一视角来自积极心理学理论，强调受助者的能力和可能性，认为儿童、家庭和社区均有自我发展的能力，因此，在儿童保护工作中，可以发现、挖掘和利用他们的优势并给予支持和协助。

发展视角：这一视角从生命周期的角度来理解个人成长和进步以及家庭发展，看到个人与家庭随着时间的变化，他们与周围环境的互动也在发生变化。因此，社会工作者在计划服务时，既应考虑当下儿童与家庭面临的问题，也应发展性地看到更长时间段内他们的利益需求。

文化视角：社会工作者应理解来自不同文化背景的儿童及家庭，并据此制定干预的方法，通过尊重和接受差异，获得多样化的知识和技能，以制定合适的服务计划来满足

[①] 本节资料来源于2020年北京博源拓智儿童公益发展中心所编写的《社区儿童保护工作者提质增能指导手册》。

目标人群的需求。

性别视角：社会工作者应意识到不平等性别文化的存在会导致不同性别的儿童面临不同风险和受到不同影响。服务计划应纳入性别视角，以使不同性别的儿童都能获得平等发展。

权利视角：每一个儿童都平等享有《儿童权利公约》《未成年人保护法》中所规定的所有权利，这些权利是相互依存、不可剥夺的。儿童的每一项权利都有相应的责任承担者，承担者的责任首先是尊重儿童的权利，其次是保护儿童的权利，最后是实现儿童的权利。

二、儿童保护工作的基本原则

（一）以儿童为中心

进行儿童工作时，需要把儿童作为一个独立的个体来尊重，并充分考虑到儿童的生理和心理发展特点，根据儿童的能力进行沟通和交流。

1."以儿童为中心"的工作理念

要实现这一理念，需要做到以下几点：

● 儿童是一个整体。将儿童作为一个整体来考虑，并考虑其全部发展需求；开展跨行业、跨部门和跨学科的工作，以满足儿童的各种发展需求。

● 儿童的差异性和童年经历的多样性。每个儿童都是独特的，但所有儿童都有相同的权利；不同的儿童有着不同的童年经历；儿童工作要考虑儿童之间的差异性以及童年经历的多样性。

● 考虑儿童的发展能力和才能。儿童的才能和能力会随着他们的成长而发展；儿童是有韧性的，具有恢复能力；不要理所应当地认为儿童能做和不能做什么。

● 儿童作为"社会能动者"应参与决策。儿童不是被动的，他们是家庭、社区和机构的积极参与者；他们是能够做出自我选择，并致力于自身发展的社会参与者；儿童有一定能力塑造他们的环境，并对更广泛的社会做出贡献，应倾听儿童的声音并考虑他们的最大利益。

2. 始终考虑儿童的最大利益

● 在采取与儿童相关的措施或做出决定时,需要充分考虑这些措施或决定会如何影响儿童,以及其他未必直接相关但也有间接影响的因素。

● 在考虑儿童的最大利益时,应根据儿童的具体情况进行,而非简单地将某些处于同样弱势情境的儿童一视同仁。

● 涉及儿童的最大利益时,应充分考虑他们的身份特征与个人经历,如性别、民族、文化、个人性格、家庭环境、朋辈关系等,通过听取儿童本人及其他利益相关方的意见,尽可能综合考虑对儿童利益产生影响的各项因素。

● 在不同情况下,能够对儿童的权益状况产生影响的各项因素的重要性可能也有所不同。如儿童或监护人为残障人士、儿童与监护人一方分离、儿童在学校受到孤立等,社会工作者应根据具体情况具体分析。

● 研判儿童最大利益时,应尽可能综合多个领域的专业意见,可向法律、教育、心理学、医学等领域专家征求评估意见。

3. 遵循非歧视原则

● 开展工作时,不能因儿童在性别、民族、文化、风俗习惯、家庭状况、个人外貌及性格等方面存在差异而对其产生偏见或偏爱,使其受到歧视或不平等待遇。

● 向儿童传递非歧视的理念,逐步消除对某些儿童群体的偏见,促进儿童之间的相互理解、尊重与接纳。

● 对于服务对象中处于不利地位的弱势儿童,包括但不限于残障儿童、困境儿童等,应在尊重其意见的基础上,在工作中给予更多关注与支持。

4. 最大限度地保护儿童,促进其身心发展

● 在工作过程中,禁止对儿童实施一切形式的暴力,包括语言暴力、身体暴力、情感暴力、性暴力等。

● 避免与儿童发生不适当的接触,包括避免在远离他人的情况下与儿童独处、避免与儿童有过于亲密的肢体接触,禁止触摸儿童身体敏感部位,禁止向儿童做出有任何性

挑逗嫌疑的行为。

● 发现儿童遭到或疑似遭到任何形式的暴力，应及时评估儿童情况并及时向机构负责人汇报，同时应依照《未成年人保护法》《中华人民共和国反家庭暴力法》等相关法律要求，第一时间向公安机关、社区儿童保护单位、各级未保中心等相关责任机构进行强制报告，并配合相关部门的跟进和协调。如超出所在机构的服务范围或能力，则须做好转介工作。

● 在开展儿童服务或组织儿童活动时，需要充分考虑潜在风险和应对措施，预先与儿童法定监护人签订书面协议（如知情同意书），并对儿童开展必要的活动安全要求和知识普及工作。

● 外出活动时，应根据儿童的实际情况配备足够的成人协助者以及相应的保障措施，如购买保险、掌握每个外出儿童的身体情况、准备应急药物等，保障儿童安全。一般情况下，每5—6名6—12岁正常儿童就应配有一名成人协助者。儿童年龄越小、身体和认知能力越弱或其他特殊情况下，成人协助者的配置比例要越高。如遇需要外出住宿的情况，社会工作者不得单独与一名或多名儿童同住，如果情况特殊，必须提前获得机构负责人及儿童法定监护人的知情同意。

● 尊重与保护儿童隐私。在获得儿童及其监护人同意后方可收集儿童信息，妥善保存服务活动中获取的儿童资料；除非获得儿童及其监护人的同意，否则不能向第三方提供儿童的信息；在拍摄以及使用儿童照片时，需征求儿童及其监护人的同意。

● 积极致力于促进儿童的身心健康发展，营造良好的环境，包括适当的空间布局和适宜的硬件设施，以及提供适于儿童发展阶段的玩具、书籍、影像资料等。

● 应充分考虑所服务儿童的渐进发展能力，向儿童普及有利于其健康发展且易于理解的知识和提供技能培训。

5. 倾听与尊重儿童的意见

● 在开展各项工作（例如活动策划、场地布置）时，应采取适当的方式向儿童征询意见，并根据儿童的年龄和成熟度予以适度的采纳。

● 社会工作者需要为儿童的有效参与提供必要支持，为儿童提供表达观点和发起活动的机会，创建一个包容、尊重、非歧视、安全的参与环境，鼓励儿童自愿加入，通过适当的引导确保每个参与儿童得到平等的机会。

● 为了让儿童更充分地表达观点，真正参与到决策过程中，社会工作者需要向儿童提供充足且易被儿童理解的信息。例如提供关于所要探讨和提议的主题的相关信息，考虑儿童能够参与发表观点的方式以及他们所发表的观点可能带来的影响等。

● 组织儿童参与活动的形式应当符合儿童在不同年龄阶段的特点，使用儿童能够理解的语言或表达方式，如对于低龄儿童应当使用图画、图例等具象内容辅助其理解。对于儿童提出的问题，社会工作者应予以及时回应。

● 当儿童的观点被考虑和采纳后，社会工作者应及时告知儿童他们的观点如何体现在服务活动中。对未采纳的意见和建议，也需要给予儿童反馈，并用适当的方式说明原因。

学习活动 2-1

参与权是儿童四大基本权利之一。参与权的落脚点之一是倾听和尊重儿童的意见。但在实务工作中，要做到倾听和尊重儿童的意见需要社会工作者花费更多的时间和精力。

某社区"儿童之家"日均接待70名儿童，年龄在6—13岁之间，经过2年时间的运营，发现存在设施均有损坏、空间功能混乱等现象。现需重新对"儿童之家"内部环境进行改造，包括重新安排房间的功能、内部布置、添置儿童玩具和书籍等。"儿童之家"的社会工作者打算以儿童参与的方式完成此次改造方案的设计，但方案需要在5个工作日内确定。

请小组讨论，该"儿童之家"的社会工作者要如何做才能更有效地以儿童参与的方式完成本次改造设计？

（二）支持家庭恢复能力

1. 家庭与儿童保护风险

家庭是儿童成长的首要环境，对儿童保护有着不可推卸的责任。家庭一方面是儿保护的主导者，有责任为儿童提供基本的生存和发展条件；另一方面，家庭也可能是给儿童带来伤害的场所。

当监护人不履行监护职责或侵害被监护人的合法权益时，按照《中华人民共和国民法典》的规定可以向法院起诉进行监护权转移，但从儿童的利益来考虑，单纯将儿童带离家庭固然在短时间内可以减少伤害，然而从长远来看，对儿童身心成长和社会适应却并不是最好的选择。大量研究证明，儿童在健康的原生家庭中才能获得最好的成长。因此，无论从预防视角还是从干预和发展的立场来看，都不能简单地将存在风险的家庭作为加害者排除在儿童保护全过程之外。现实中，大多数父母都想成为好父母，但家庭给儿童带来风险的原因有多个方面，可能是家庭并不具备为儿童提供基本生存和发展条件的客观能力。例如，父母可能承担着巨大的经济压力、健康压力和精神压力；父母也可能因为太年轻，不懂得如何养育子女；也可能是父母的家庭教育方式存在误区，习惯用暴力的方式管教儿童。对这些父母，社会工作者要做的是给予他们足够有效的支持，恢复和提升其能力，从而为儿童提供良好的保护。

2. 支持家庭恢复能力的主要方法

社会工作者应对家庭进行调查分析，发现家庭的需求，并调动家庭参与的活力。一般来说，支持家庭恢复和提升能力的做法包含但不限于以下三点：

● 链接和整合资源，帮助家庭解决经济困难来改善儿童成长环境。

● 强化家庭监护责任，为父母或其他监护人提供家庭教育指导和定期回访等服务。

● 通过协调家庭关系，疏导儿童和家长情绪，解决家庭及儿童所面临的问题。

将恢复和提升家庭能力作为儿童保护的做法并不意味着放纵家庭对儿童的伤害。如果在评估中发现家庭不利于儿童成长，且短期内无法修复，社会工作者就应该采取必要的干预措施，将儿童转移出原生家庭，为其找到适合的替代者照顾。

第三节 儿童伤害

与"儿童保护"相对的词是"儿童伤害"。社会工作者要做好儿童保护的工作,就必须了解什么是儿童伤害,才能准确地识别和评估儿童伤害状况,从而提供有效的儿童保护服务。

一、伤害

伤害(injury)泛指因各种物理性、化学性、生物性事件或心理行为因素而导致个体发生暂时或永久性的损伤、伤残和死亡的一类疾病。[①]儿童伤害是全球关注的话题,也是1—17岁儿童的首要死亡原因。这些危及儿童生命的伤害可以通过不同的方式来分类,比如被动伤害(如溺水、交通伤、跌落、烧烫伤以及动物伤等)和主动伤害(如暴力和性侵等),根据伤害是否由人为故意造成可分为非故意伤害(如跌倒、坠落、钝器伤、动物伤、交通伤等)、故意伤害(如有预谋攻击、伤人、自伤等)和无法判断意图的伤害。

我国伤害监测系统显示,急诊儿童伤害病例中,<1岁组占比最低,1—4岁组占比最高,1岁及以上的儿童伤害病例中,伤害病例占比随年龄增大而降低;在我国就诊儿童伤害病例中,跌倒、坠落、钝器伤和动物伤是最常见的致伤原因;家中是儿童伤害最常见的发生地点,其次是学校与公共场所,最后是公路或街道。

传统观念认为,伤害偶然出现不可预测、无法避免,伤害虽突如其来,但既有外因又有内在规律,采取适当措施可有效控制,因此,大部分的伤害是可以预防的。世界卫生组织和联合国儿童基金会联合发布的《世界预防儿童伤害报告》指出:"如果在世界各地采用已证明行之有效的预防措施,每天至少可以挽救1000名儿童的生命。"

---

① 陶芳标主编《儿童少年卫生学》,人民卫生出版社,2017,第8页。

📖 **学习活动 2-2**

详细列出你所知道的儿童遭受的被动伤害以及该种伤害最可能发生的地点,并思考社会工作者可以为预防被动伤害发生做些什么?

二、儿童伤害

世界卫生组织认为,儿童伤害是对儿童的健康、生存、尊严造成实际或潜在伤害的所有形式的行为,包括性虐待、忽视或疏忽对待、商业的或其他形式的剥削利用等。儿童保护旨在预防和应对虐待、忽视、剥削和暴力等行为对儿童带来的伤害。具体来说,儿童伤害的类型如表 2-1 所示。

表 2-1 儿童伤害类型

四类伤害	类型	内容
儿童忽视	身体忽视	未能保护儿童免受伤害,包括因缺乏监督而使儿童受到伤害;或未能为儿童提供基本必需品,包括适宜的食物、住所、衣物等
	医疗忽视	不提供必要的医疗照顾
	教育忽视	没有督促学龄儿童完成九年义务教育,或阻止其完成;没有为儿童提供适龄引导教育或提供了偏差引导
	情感忽视	在情感及道德教养方面没有给予适当的关注和引导,不能向儿童提供情感支持和爱
	安全忽视	经常让儿童尤其是低龄儿童处于无人监护状态或不安全的环境中
	遗弃/抛弃	监护人将儿童置于与之隔绝的环境且不履行监护职责
儿童虐待	身体虐待	非正常、反复发生的身体伤害,造成儿童身体上的伤痕、骨折、内伤或造成身体器官受损甚至死亡
	心理虐待	情感伤害——谩骂、侮辱、讥讽、威胁、恐吓、限制行为自由、诋毁、歧视、排斥以及其他类型的非躯体的敌视
	性虐待	发生在成年人和未满 18 岁儿童之间的以获得性满足为目的的性接触

续表

四类伤害	类型	内容
儿童剥削	劳动力剥削	儿童在家庭或社会中被要求或强迫承担与年龄极其不符、超出其体力或精力的家务劳动
	性剥削	个人或团体利用儿童弱反抗或无能力反抗的机会，胁迫、操纵或欺骗儿童进行性活动
儿童暴力	信息暴力	报纸、杂志、电视、网络等宣传对儿童的不良态度
	文化暴力	传统或现代文化中包含的不利于儿童健康成长的观念或做法
	环境暴力	不利于儿童健康成长的立法环境和执法环境

要特别指出的是，相比其他伤害，情感忽视和心理虐待都比较容易被忽视，且无论是界定还是举报都比身体暴力、性虐待更为困难，也不容易被发现和评估。有学者认为，心理虐待的定义已经包含了情感忽视的定义，即情感忽视其实也是心理虐待的一种类型。

相关研究都一致认为，情感忽视和心理虐待会对儿童的情感、自我、人格、心理、思维造成不同程度的影响，而且身体暴力和性虐待的不良影响不只是局限于身体上的暴力和侵害，而且还包括内在的永久性心理创伤。

所以，儿童心理虐待是所有儿童伤害中最基本、最共通的部分，表面上好像没有身体暴力那样明显，但实质上对儿童而言却具有最深刻、最共通、最具扭曲作用的伤害。相关的精神病，特别是焦虑障碍（如广泛焦虑症、强迫症、惊恐症等）、情感障碍（如抑郁症、双相情感障碍）、精神分裂症等，追根溯源都与儿童期的情感忽视和心理虐待有关。

三、心理虐待

对于社会工作者而言，在对情感忽视和心理虐待进行干预之前，需要确认心理虐待和情感忽视的行为是否存在，同时也需要对发生这些行为的情景、影响这些行为的相关社会背景和文化，以及对儿童造成什么样的伤害有更多的了解，才能更好地理解伤害行为本身以及做出更好的应对策略。

（一）心理虐待和情感忽视的界定

布里埃在 *Child Abuse Trauma* 中将心理虐待分为八种：

（1）拒绝：避开或推开孩子，使孩子感觉自己不值得被爱，不被接受等。

（2）贬低：批评、侮辱、剥夺尊严、羞辱孩子或使孩子感到自卑。

（3）威胁：对孩子进行言语攻击、恐吓、身体威胁或心理伤害。

（4）孤立：剥夺孩子除家庭外的社交联系，不允许他们结交朋友，长时间限制在一个地方而不接触社会。

（5）腐蚀：孩子被社会化，教唆他们以反社会的方式行事，鼓励他们发展一些社会不可接受的兴趣和欲望。

（6）剥削：利用孩子来满足照料者的需求。

（7）拒绝基本激励、情感回应或可得性：拒绝对孩子提供充满爱的、体贴入微的照顾，压制孩子的情感和智力发育，孩子通常会被忽视。

（8）不一致和不连续的教养：对孩子提出矛盾的要求，父母的抚养或照料不连续且不可靠，使孩子失去了家庭的稳定性。

布里埃对于心理虐待的以上分类，其中拒绝基本激励、情感回应或可得性，在内涵上基本与情感忽视是一致的。[①]

有学者把对儿童进行言语攻击，一味地批评、指责；目睹家庭暴力；与儿童缺乏交流沟通造成的亲子关系紧张；吓唬或用粗暴的言语对待儿童；纵容儿童的不良行为和溺爱现象都归类为情感忽视的主要形式。

需要特别注意的是，在界定是否属于心理虐待、情感忽视时，也需要加入文化、社会环境、家庭系统以及家庭动力等元素，考虑社会文化对父母家庭观和养育观的塑造、家庭传统及规范的影响。

[①] 国际救助儿童会（英国）北京代表处编写组：《困境儿童中的心理虐待及情感忽视：多维度的认识与深层理解》，中国华侨出版社，2021，第39页。

（二）心理虐待对儿童的伤害及不良后果

关于儿童心理虐待的研究一致显示，心理虐待令儿童的自我、自尊、自主受到摧残，会导致其情感、思维、身体的发展迟缓，甚至发展成相关的病态。

长期受心理虐待的儿童在家庭和社会环境压力下会形成心理创伤，成长后可能会出现包括创伤后应激障碍（PTSD）、思维扭曲、情绪异常等状况，以及在人际关系中出现的各种问题，甚至自伤、自杀等。

（三）儿童心理虐待的原因

伴随着亲职压力的增加、家庭结构解体越来越严重，心理虐待的事件也在逐年增多，社会对于儿童心理虐待也日趋重视。儿童心理虐待的危险因素主要有下列几个方面：

● 与忽视照顾的父母一同居住：相关研究指出，忽视照顾是儿童心理虐待最常见的情况，而情感的伤害大部分都与疏于照顾、不负责任的父母有关。

● 与有心理缺陷或沉溺于某种习惯的父母同住：虐待儿童的父母在情绪、精神健康及性格上有缺陷，这些不良习惯令他们在社会功能上无法承担作为父母照顾子女的应有责任，同时也令他们无法与子女产生共情。

● 有残疾或情绪波动的儿童较容易遭受父母的心理虐待：因为有残疾或情绪波动的儿童，其父母在照顾时自然有极大的压力。

● 在经济困难和缺乏支持的家庭和社区中成长：相关研究指出，儿童及其家庭面临经济困难和缺乏社会支持的情况下，容易引发相关的儿童心理虐待问题。父母较难找到亲友、邻居、社会服务及社区资源来减轻他们照顾儿童的压力。同时，经济困难更令父母为生活奔波，无时间和能力去恰当地照顾儿童，不能满足其身心成长的需要；而且经济困难更容易使家庭关系紧张，更容易导致儿童心理虐待甚至身体虐待问题的发生。

● 在有多种问题的家庭中成长：大部分研究都指出，问题家庭容易出现儿童心理虐待，诸如家庭存在失业、纠纷、单亲情况，父母有滥用药物、精神病、婚外情、家暴问题，或长期患病、身体残疾，兄弟姐妹有智力残疾等。这些家庭的压力和张力都很大，通常无法进行正常的交往，缺乏正常的功能，很容易转化为儿童心理虐待，甚至暴力虐待、情感忽视等问题。①

学习活动 2-3

小组讨论：当你们进入一所小学开展儿童保护服务工作时，在开始阶段收集哪些信息可以帮助你们识别出潜在的可能受伤害的儿童？如何收集这些信息？

---

① 国际救助儿童会（英国）北京代表处编写组：《困境儿童中的心理虐待及情感忽视：多维度的认识与深层理解》，中国华侨出版社，2021，第45—46页。

第三章 不同发展阶段儿童的特征

◆**本章要点**

• 儿童发展包括生理发展、认知发展和人格及社会发展三个方面。

• 社会工作者只有了解不同阶段儿童发展的过程及特征,才能够有效评估儿童的状况,并提供恰当的支持。

• 安全依恋既是儿童的避风港,也是儿童的安全基地。

• 学龄期儿童成长的特点是"缓慢且稳定"。

• 社会工作者在面对处于青春期的服务对象时,不仅要理解和接纳他们在青春期的各种发展特征,更要学会区分正常的脆弱、喜怒无常的情绪与心理问题的危险信号。

作为社会工作者,我们需要了解儿童发展的历程,以便能够从科学、专业的角度评估儿童的发展情况,回应儿童和家庭所需要的支持和指导。

所谓儿童发展,旨在研究个体从生命的孕育到青少年期的成长、变化以及稳定性的模式和规律。儿童发展包括三个关键的主题:

● 生理发展:研究身体的构造方式对个体行为的影响。

● 认知发展:试图理解智力的发展过程以及它如何影响个人行为的改变,考察学习、记忆、问题解决等认知过程的作用。

● 社会性及人格发展:社会性发展研究的是个体与他人的交往方式,包括他们的社会关系的发展、改变,以及社会关系在一生中保持稳定的方式;而人格发展主要研究个体差异以及个体特质的变化及稳定性。

通常,从儿童发展的角度来看,会按照年龄范围将其划分为以下几个阶段:产前期（从孕育到出生）、婴幼儿期（从出生到 3 岁）、学龄前期（3—6 岁）、学龄期（6—12 岁）、青少年期（12—18 岁）。但我们要谨记，年龄阶段的划分来自社会建构，它们可能并不一定有非常清晰的界限，且这仅仅是平均的年龄跨度。某个儿童到达某个特定阶段的时间，有可能偏早或偏晚，而大多数儿童会在平均年龄到达这个阶段。这种差异只有当儿童的表现严重偏离平均水平时才值得注意，例如儿童开口说话的时间远晚于平均年龄，父母可能才会带孩子去让专业人士进行评估。

进一步来说，儿童渐渐长大之后，他们会更有可能偏离平均水平，表现出个体差异。儿童发展变化中很大一部分是由遗传决定的，然而，当儿童年龄逐渐增大、环境因素影响越来越大时，则会出现更大的多样性和个体差异。

以上情况也在不断地提醒我们，在关注儿童个体发展的同时，也要充分考虑环境对儿童的影响。

第一节 产前期和婴幼儿期的发展

一、产前期

每个个体都具有独一无二的遗传潜质：在受孕的那一刻，精子和卵子相结合，变成一个单细胞的受精卵，从母亲那里得到正常人所具有的 46 条染色体的一半，从父亲那里得到另一半。受精卵形成的最初两周称为胎儿发育的胚种期。在这一阶段，细胞开始迅速分裂，大约一周后，一小团极微小的细胞将植入母亲的子宫壁。胎儿发育的第 3—8 周称为胚胎期，这一阶段细胞继续分裂，同时细胞开始分化，形成不同的器官。随着器官的形成，胎儿出现第一次心跳。胎儿对刺激的反应大约在 6 周时就可以观测到。从第 8 周直至婴儿出生，这个阶段被称为胎儿期。母亲在受孕 16 周后可以感觉到胎动。此时，胎儿大约 18 厘米长（出生时平均长度为 50 厘米）。胎儿大脑在子宫中成长时，大约每分钟能产生 25 万个新的神经元，胎儿出生时可达到 1000 亿个神经元。

在整个孕期中，诸如营养不良、感染、放射线暴露、药物使用等因素都会阻碍胎儿器官和身体结构的正常形成，包括但不局限于：

● 母亲的饮食：饮食种类丰富、营养充足的母亲更少出现孕期并发症，生产更顺利，出生的婴儿更健康。有研究发现，胎儿期营养不良，但出生后在条件较好的环境中养育的婴儿，可以在一定程度上克服由于早期营养不良带来的影响。然而，事实上，出生前就营养不良的婴儿，很少能够在营养有明显改善的环境中健康成长。

● 母亲的年龄：不仅高龄产妇面临怀孕风险，年龄太小的妈妈同样也面临着许多风险。青春期意外怀孕的少女所产婴儿的死亡率是 20 多岁母亲所产婴儿死亡率的 2 倍。

● 母亲的产前支持：青少年母亲所产婴儿的高死亡率反映的不仅是与母亲年龄有关的生理问题，更大的问题是她们常常要面临不利的社会和经济因素，使得她们不能得到良好的产前保健，无法在婴儿出生后获得教养支持。经济困难或缺乏父母监管等社会环境可能是导致青少年母亲怀孕的首要原因。

● 母亲的健康：孕妇罹患的疾病可能对胎儿造成灾难性影响，这取决于疾病发生的时间。

● 母亲的药物使用：母亲对许多药物的使用会使胎儿面临严重的危险，这些药物既包括合法的，也包括不合法的。

● 母亲的烟酒食用：更多证据表明，即使是少量的酒精或尼古丁都会阻碍胎儿的发育，可能导致胎儿酒精综合征等问题。

● 父亲对产前环境的影响：父亲的烟酒食用习惯同样会影响胎儿。此外，父亲在身体或情绪上虐待怀孕妻子的行为也会伤害未出生的孩子。

学习活动 3-1

在产前期这一阶段，社会工作者可以开展哪些服务工作？

女性社会工作者和男性社会工作者在开展上述服务工作中各有何优势和局限？

二、婴幼儿期的发展

每一个降生的新生命都拥有令人惊异的能力，使他们能够适应子宫外的新世界并回应他人。作为社会工作者，我们不仅要关注他们在身体和知觉上的能力，还要关注他们与生俱来的学习能力，还要关注他们如何与父母形成依恋关系，以及与家庭成员和同伴的互动方式。

（一）新生儿的发展

新生儿出生时便迅速掌握了通过肺部进行自主呼吸的能力，他们具备了帮助自己进食、吞咽、寻找食物和避免不愉快刺激的先天性反射。新生儿一出生就可以通过经典条件反射、操作性条件反射和习惯化进行学习。他们有模仿他人面部表情的能力，并且可以区分出快乐、悲伤和惊讶的面部表情。

在这一时期需要特别关怀的不仅是新生儿，还包括新生儿的母亲。产后抑郁是指母亲在孩子出生后一段时间内的重度抑郁，它困扰着约10%的新手妈妈。虽然产后抑郁有几种不同的表现形式，但其主要的症状是持久的、深度的悲伤和不安，有些情况可能持续数月甚至数年。产后抑郁的母亲会给婴儿带来难以磨灭的影响，如在与婴儿互动时较少表现出积极的情绪，而更多是表现出对孩子的拒绝。这将导致婴儿也表现出较少的积极情绪，不仅表现出对母亲的拒绝，而且也不愿意和其他成年人接触，表现出更多的退缩反应。

（二）婴儿期的生理发展

婴儿身高和体重发育最快的时间是在生命的头两年里，充足的营养对身体发育至关重要，营养不良和营养不足既会影响儿童生长的生理方面，也可能影响智商和学业表现。

视觉能力在婴儿期迅速增强。新生儿只能看清距离自己20—36厘米的物体；1个月后婴儿的视力水平有所提高，但仍然很难看清细节；3个月时婴儿就能够看清物体细节。婴儿在出生时（甚至更早）就能够听到声音，他们在出生前就已经具备听觉能力，出生后拥有相当好的听觉感知能力,包括定位声音的能力。婴儿的嗅觉在出生时就得到很好的发展,似乎天生就喜欢甜食。人们普遍认为婴儿生来就有体验疼痛的能力。触觉是新生儿最发达的感觉系统之一,也是人体最早发展的感觉系统之一,婴儿用他们高度发达的触觉来探索和体验世界。大运动技能和精细运动技能的发展通常是有规律的,婴儿会按照一定的时间来练习和扩展他们与生俱来的运动技能。

(三)婴儿期的认知发展

皮亚杰的阶段理论认为,儿童按一个固定的顺序经历认知发展的各个阶段。有四个主要阶段(感觉运动阶段、前运算阶段、具体运算阶段、形式运算阶段)及其各个亚阶段。皮亚杰将感觉运动阶段(0—2岁)分为六个亚阶段,在前三个亚阶段中,婴儿从使用简单的反射开始,到能够对外部世界采取行动,并重复行动以带来想要的反应和结果;在随后的亚阶段中,婴儿开始采取更精细的方式作用于外部世界;在第四个亚阶段中,婴儿能够获得客体永存,直到最后一个亚阶段开始产生符号思维。

一般在10—14个月大时,儿童会开始说话,大约18个月大时,儿童开始将词连成简单句子,表达单一想法。

(四)婴儿期的社会性和人格发展

在第6周到18个月之间,婴儿的微笑(从几乎无意义地表达到社交微笑)变得越来越有针对性和控制性,他们在很早的时候就能发展出非言语解读能力,即根据他人的面部表情及声音表达判断他人的情绪状态。

婴儿大约在出生后的第12个月开始发展出自我意识;在18—24个月中,发展出关于自己身体特征和能力水平的意识。

根据埃里克森人格发展理论,在0—3岁这个阶段中,婴儿会面临两个主要危机:(1)信任对不信任。婴幼儿需要通过与照顾者之间的交往建立对环境的基本信任感。信任是儿童对主要照顾者(特别是母亲)的强烈依恋关系的自然结果,因为主要照顾者为儿童提供了食物、温暖以及由身体接触带来的安慰。但是,如果儿童的基本需求没有得到满足,经历不一致的回应,缺乏身体的接触和温暖的情感以及照料者经常不在身边,儿童就可能发展出一种强烈的不信任感、不安全感和焦虑感。(2)自主对自我怀疑。伴随着走路的发展和语言技能的出现,儿童探索和操纵客体(有时是与人交往)的能力提高了,随之而来的是一种安全的自主感和成为有能力和有价值的人的感受。相反,在第二个阶段中,过分地约束和批评儿童可能导致他们自我怀疑。同时,要求过高(如过早或过于严格的"如厕训练")可能阻碍儿童征服新事物的韧性。

在1岁末的时候,婴儿通常会发展出陌生人焦虑和分离焦虑,对不熟悉的人产生警觉,在熟悉的照料者离开时表现出痛苦。陌生人焦虑和分离焦虑都是婴儿社会性发展的重要方面,反映婴儿认知的进步以及婴儿和照顾者之间不断增进的情感联系。

三、依恋

婴幼儿期社会性发展最重要的方面就是"依恋"的形成,所以这个部分将单独对"依恋"进行具体分析。

依恋(attachment)是在儿童和特定个体之间形成的一种正性情感联结。婴幼儿期依恋的质量会影响到每个人如何与他人建立关系。英国精神病学家约翰·鲍尔比(John Bowlby)最早开始关于人类依恋的研究。在他看来,依恋主要是建立在婴儿安全需要的基础上,即他们天生具有躲避捕食者的本能意识。随着婴儿的成长,他们开始知道某个特定个体能够给他们提供安全的保障,这种意识最终促使婴儿与该个体(一般为母亲)发展出特殊的关系。

发展心理学家玛丽·安斯沃斯(Mary Ainsworth)在鲍尔比的理论基础上,发展出一个被广泛用于测量依恋的实验技术——安斯沃斯陌生情境实验[1]。这是用以说明儿童与母亲

---

[1] "陌生情境"通常包括以下8个步骤:①母亲和儿童进入一个不熟悉的房间;②母亲坐下来,让儿童自由探索;③一个成年陌生人进入房间,先和母亲说话,然后再和儿童说话;④母亲离开房间,留下儿童单独和陌生人在一起;⑤母亲回来,和儿童打招呼,并安慰儿童,陌生人离开;⑥母亲再次离开,留下儿童独自一人;⑦陌生人回来;⑧母亲回来,陌生人离开。

之间依恋强度的系列阶段性情境实验。婴儿对陌生情境不同方面的反应取决于他们与母亲依恋的强弱。1岁儿童通常会出现回避型、安全型、矛盾型和混乱型这四种依恋类型。婴儿依恋类型具体见表3-1。

表3-1 婴儿依恋类型的分类

类别	分类标准			
	寻求接近主要照顾者	保持与主要照顾者的接触	避免接近主要照顾者	抗拒与主要照顾者接触
安全型	高	高（婴儿难过时）	低	低
回避型	低	低	高	低
矛盾型	高	高（通常在婴儿与照顾者分离前）	低	高
混乱型	不一致	不一致	不一致	不一致

表3-1反映了安斯沃斯的实验中不同类型依恋的儿童在实验过程中的表现，具体来说：

安全型依恋：儿童将母亲视为安全基地。在陌生情境中，只要母亲在场，他们就很安心。他们独立地探索环境，偶尔回到母亲身边。尽管当母亲离开时，安全型依恋儿童会表现得不安，但只要母亲一回来，他们就会马上回到母亲身边寻求接触。该实验中有66%的儿童是安全型依恋。

回避型依恋：儿童并不寻求和母亲接近，而且在母亲离开后，他们看起来并不难过。此外，当母亲回来时，他们看上去是在回避母亲，透露着对母亲的漠视。该实验中大约有20%的儿童属于此类型。

矛盾型依恋：儿童对母亲表现出一种既积极又消极的反应。刚开始时，矛盾型依恋儿童紧紧地挨着母亲，基本上不会去独立地探索环境。他们甚至在母亲离开前就显得有些焦虑。当母亲真的离开时，他们表现得非常难过。然而，一旦母亲回来，他们却表现出矛盾的反应，一方面寻求和母亲接近，另一方面又踢又打，明显十分生气。有10%—15%的儿童属于矛盾型依恋。

后续的扩展研究中发现了第四种类型——混乱型依恋，即儿童表现出不一致、矛盾且有混乱的行为。当母亲回来时，他们可能会跑到母亲身边，但却不看向母亲，或者是最初显得平静，后来却愤怒地哭泣。他们的混乱行为意味着他们可能是最没有安全依恋的儿童。

儿童与父母（或主要照顾者）之间相处最平常的时刻，发生的往往都是一些重要的事情：

一个 8 个月的儿童在爬向房间另一头的玩具熊时，回过头看着妈妈，等待妈妈微笑点头，然后继续向前爬。

爸爸把 1 岁的女儿放在腿上，她立刻平静下来，但爸爸并没有看向女儿，而是继续玩面前的电脑游戏，女儿于是开始扭动身体，不安地挥舞双手。

像这样的时刻，很平常，也很容易被忽略。但是，日积月累却会给儿童留下深刻的印象。每当主要照顾者（父母）回应儿童安慰或信心的需求时，其实都是在建立信任关系；每当主要照顾者（父母）展示自己了解儿童的感受和需求时，都在展现人天生会追寻的根本联结性；每当主要照顾者（父母）帮助儿童面对从没经历过的状况、处理不舒服的关系或挫折感时，都在教儿童接受自己和他人的情绪：这些都是依恋的礼物。

儿童能够自然形成的安全依恋模式，应该是儿童在与父母的关系中很少表现出焦虑的一种模式，而且儿童可以轻松自如地离开父母去探索现实社会环境，但在感到疲惫或沮丧时又会回到父母身边寻求抚慰，调节内在状态。拥有安全模式的儿童会坦然放心地接近父母（身体上或情感上），会主动寻求帮助，接受父母给予的支持，并在振作起来后转身出发，继续自己探索和学习的征程。

如图 3-1 所示，父母在儿童生活中处于中心位置，此外，父母会根据儿童需要给予其相应的帮助。圆圈内的区域代表儿童依赖于父母的安全、抚慰、鼓励和肯定等方面的情感需求；圆圈外的区域则代表儿童对了解他人和环境的探索性需求，以及让自己变得有能力的期望。安全感的核心是依照儿童的需求提供安全的庇护和慰藉，同时也为儿童探索未知奠定安全的基础。

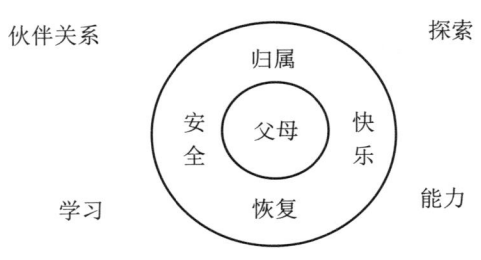

图 3-1　安全依恋组成因素示意图

依恋可以通过身体的接触、情感亲近、接纳、无条件的爱、安全的环境、安全感和游戏等途径建立。婴幼儿需要在一个安全的环境中成长，主要照顾者要时刻对婴儿的愿望和需求保持敏感，给予婴幼儿温柔的抚触和互动；当婴幼儿有需要时，主要照顾者要及时地予以回应；主要照顾者在与婴幼儿互动时，要考虑他的感受，在面对面的互动中做出回应；温暖且充满爱地陪伴婴幼儿玩耍，随时都可以向婴幼儿传递接纳和无条件的爱的信息。

学习活动 3-2

假设你们正在一个家庭进行家访。上午 11 时，你们看到桌上的早餐碗筷堆着还没有洗，沙发上堆满了衣服，书本和玩具散落一地……2 岁的孩子正随着母亲的拍子开心地敲打地上的锅碗瓢盆，而放置婴儿餐椅的厨房地板黏腻不堪。你们会如何评价这个家庭？

第二节　学龄前期儿童的发展

从婴儿期到学龄前期，儿童发生了许多生理变化，其中脑部的变化最为显著。大脑的发育为认知和心理的复杂性发展开拓了道路。在学龄前期，尽管儿童面临着疾病和意外伤害的威胁，但大多数儿童都展现出健康、活跃、好奇的一面。

一、学龄前期的生理发展

处于学龄前期的儿童，其身体发育稳定，在身高和体重方面的差异反映了个体差异、性别差异、社会经济地位差异，儿童的身材变得更加纤细，肌肉和骨骼变得更加强健。在此阶段，大脑的发育非常迅速，细胞间相互连接的数量以及髓鞘的数量大幅增加。大脑的发育为感知发展奠定了基础，包括更好地控制眼动和视觉聚焦，提高视觉、知觉和听觉的灵敏度。大运动技能和精细运动技能发展迅速，儿童活动水平在这一时期达到最高。学龄前期的儿童更需要均衡的营养，但照顾者可能会用自己的理解来替代儿童自身对事物的需要和控制。例如，学龄前期的儿童告诉母亲他（她）已经吃饱了，但母亲却根据自己的经验认为孩子没有吃饱，从而使用各种手段喂给儿童"应该的分量"的食物。

儿童肥胖和活动程度受到遗传因素和环境因素的共同影响。

二、学龄前期的认知发展

在皮亚杰所描述的前运算阶段（2—7岁），儿童还不能进行有组织的、形式化的、逻辑性的思考。然而，象征性符号功能的发展将他们从感觉运动学习的局限中解放出来，使他们能够进行更快、更有效的思考。学龄前期的儿童开始使用直觉思维，并主动运用初级推理技巧来获取外界知识。皮亚杰认为，学龄前儿童在中心化、守恒和转变方面存在困难，使得这一时期的儿童在不考虑他人想法或感受的前提下进行思考和行动。发展心理学家维果斯基提出，儿童的认知发展依赖于儿童所处的社会和文化环境。他主张儿童只有通过与他人（同伴、父母、老师或其他成人）的伙伴关系才能充分发展他们的知识、思维、信念和价值观。

皮亚杰的理论与维果斯基的理论有很大的不同。皮亚杰把发展中的儿童视作小科学家，认为儿童通过自身的努力发展出对世界的独立理解；维果斯基则把儿童看作认知学徒，认为儿童需要从更有能力的老师那里学习和理解世界的重要技能。皮亚杰看到的是，学龄前儿童是以自我为中心的，只能从自己有限的视角考虑世界；维果斯基看到的是，学龄前儿童能够通过他人来了解世界。

学龄前儿童的自言自语有助于儿童进行思考、控制行为、培养语言能力以及养成与他人交流的习惯。语言能力的发展受到社会经济地位的影响。越来越多的证据表明，家庭收入和经济困难对儿童的一般认知能力的发展和行为具有很大影响。经济困难不仅减少了儿童可以获得的教育资源，还会对父母产生消极影响，以至于他们为家庭提供的心理支持难以维持。

三、学龄前期的社会性和人格发展

根据埃里克森的观点，自主对害羞（怀疑）阶段（1.5—3岁）的学龄前儿童，若发展出了独立性以及对身体和社交世界的掌控感，就不会感到羞愧、感到苦恼和自我怀疑。在主动对内疚阶段（3—6岁），学龄前儿童会面对"独自行动的渴望"和"失败时产生的内疚"之间的冲突。儿童自我概念的形成，一部分来自关于自身特征的知觉和预期，一部分来自父母对他们的影响，还有一部分来自文化的影响。性别差异出现在学龄前期初始阶段，此时的儿童已形成适合于不同性别的行为意识，这类意识一般符合社会刻板印象。

学龄前儿童的记忆脆弱、不准确，对完全虚拟的事物进行润色是该时期记忆的特点。幼儿可能会产生错误的回忆，笃定并未真正发生过的事件，却忘掉许多真正发生过的事件。儿童的记忆很容易受到成人提问中暗示的影响，这一点在学龄前儿童身上尤为明显。当然，学龄前儿童能够准确回忆许多事情，例如，3岁儿童能够不失真地回忆起生活中的一些事件，但并非所有细节都是准确的。因此，在询问学龄前儿童时，如何使他们给出最准确的回忆？方法之一是在事发后尽快询问他们。真实事件与询问之间的时间间隔越久，儿童的回忆就越不准确。此外，相比一般疑问句（例如，"你是和谁一起下楼的?"),特殊疑问句(例如,"你是和小布一起下楼的吗?")更容易引导儿童给出准确的回忆。需要注意的是,如果询问时的环境能给儿童安全感,回忆的真实性更有保障。

对学龄前儿童来说,和同伴的社会关系最初基于陪伴和乐趣。在初始阶段,儿童主要参与功能性游戏,大一些的学龄前儿童会参与建构性游戏,更多的是进行平行游戏和旁观者游戏。直到学龄前期末尾阶段,联合游戏和合作游戏才在儿童群体中越来越受欢迎,但独自游戏和旁观者游戏在学龄前期末尾阶段仍然存在。有时儿童更愿意自己玩。当新伙伴想加入一个群体的时候,一个容易成功的策略就是采取旁观者游戏,并较为主动地等待机会加入游戏。维果斯基认为,假装游戏可以拓展儿童的认知技能。学龄前儿童逐渐在游戏中学习从他人的视角来看待外部世界,也可以逐渐解释他人的看法、推测别人的行为(关于儿童游戏的部分,将在第四章中详细介绍)。

皮亚杰认为,学龄前儿童处在道德发展的他律道德阶段,其特征是儿童相信存在不变的外部规则,以及确信所有的错误行为都有即时的惩罚。因此,榜样的行为在儿童发展过程中扮演着重要的角色。

学龄前期儿童之间的攻击行为是相当普遍的,言语攻击、相互推搡、拳打脚踢以及其他形式的攻击都可能在整个学龄前期发生,只是随着儿童年龄的增长,攻击的程度也会发生变化。儿童的社会性和人格发展对攻击行为的减少有所贡献。在整个学龄前期,大部分儿童能够越来越好地控制自己的情绪。社会学习理论认为,攻击是基于观察、直接或间接强化而习得的,包括榜样的学习、通过电视和电子游戏中的攻击行为的学习等。

学习活动 3-3

新闻中多次报道家长对某些动画片中的暴力语言和暴力行为表示担忧而进行投诉的情况,同时也报道了儿童因模仿动画片中的危险行为而受到伤害的事件。

社会工作者如何帮助学龄前儿童及其家长识别电视节目中不利于儿童的内容,并减少这些节目给儿童带来的负面影响?

第三节 学龄期儿童的发展

儿童的6—12岁之所以被称为学龄期，是因为对大多数儿童来说，这标志着正规教育的开始。学龄期是儿童身体快速发展的时期，他们会变得更高大、更强壮，与此同时，也掌握了各种新技能。

一、学龄期儿童的生理发展

学龄期儿童成长的特点是"缓慢且稳定"。在这一阶段的儿童每年体重大都增长2—3千克，身高增加5—7.5厘米。在某种程度上，生长由基因决定，但社会因素也有显著影响，例如饮食习惯、营养、疾病等。

在生活中，营养水平会显著影响儿童很多方面的行为。充足的营养非常重要，这有利于儿童身体的成长和健康，促进儿童的社会和情感功能以及认知能力的发展。

在学龄期，儿童身体技能的发展与其自尊、自信相关，儿童的运动能力有重要的作用，它决定了儿童如何看待自己，以及别人如何看待他们。学龄期是身体机能大幅度发展的时期，大运动技能和精细运动技能均有很大改善。受文化期望的影响，男孩和女孩的大运动技能可能有所不同。

学龄期儿童可能的危险主要与儿童独立性和活动性的增加有关，大多数伤害是由事故导致的，尤其是交通事故和运动事故。在大多数情况下，适当地使用防护设备能够有效预防伤害的发生。此外，网络空间对学龄期儿童而言也是潜在的危险。不受监督的网络活动，会使儿童接触到不良的网络信息，并且他们可能会被人利用。

二、学龄期儿童的认知发展

根据皮亚杰的理论，学龄期儿童会进入具体运算阶段（7—12岁），并能够使用逻辑思维解决具体问题。当然，这个转变不是一夜之间发生的，在儿童形成稳固的具体运算思维的两年中，他们的思维会在前运算阶段和具体运算阶段之间来回转换。一旦具体运算思维得以良好的发展，儿童就能表现出更高的逻辑思维能力。尽管儿童在具体运算阶段有许多进步，但他们的思维仍存在不足，他们还是不能脱离具体的物理事实，无法理解真正具有抽象性、假设性的内容以及形式逻辑方面的问题。

学龄期儿童在学校的智力发展可以归因于记忆能力的大幅提高和处理"程序"的复杂性增强，他们有意识地采用控制策略来改善认知过程，比如通过复述的方式将材料组成连贯的模式以方便记忆。

这一阶段的儿童基本上都进入学校接受正规教育，通过"儿童—成人""儿童—儿童"之间进行互动学习。儿童在学校内的语言发展是实质性的，在语言发展的各个方面都有巨大的进步。

三、学龄期儿童的社会性和人格发展

根据埃里克森的观点，学龄期的个体处于勤奋对自卑阶段，大约从 6 岁持续到 12 岁，其特征是强调儿童为应对由父母、同伴、学校以及复杂的社会提出的挑战而付出努力。在这一时期会面临相当多的挑战，儿童不仅要努力掌握学校要求学习的大量知识，还要找到自己在社会中所处的位置。他们会越来越频繁地与他人一起进行群体活动，并且必须与不同的社会群体和社会角色接触，这就涉及他们和老师、朋友、家人之间的关系。如果成功度过勤奋对自卑阶段，儿童会拥有掌握感和精通感。相反，儿童不能顺利度过这一阶段将会产生失败感和缺乏信心，儿童也就可能会在学业追求和与同伴交往中出现退缩反应，表现出较低的兴趣和成就动机。

在学龄期，儿童开始根据心理特征来看自己。比如 6 岁的儿童会描述自己是"跑得很快，会画画"的小朋友，但 11 岁的儿童会把自己描述为"相当聪明、友好且乐于助人的人"。除了这种从外部特征向内部心理特质的转变外，儿童关于"我是谁"的理解也出现由简单到复杂的变化。他们可能会发现自己的一些强项和弱项，开始从身体的自我概念、情绪的自我概念、学业的自我概念、社交的自我概念这四个领域去评价自己，而每个领域都可以细分。

当学龄期儿童不能客观评价自己的能力时，他们会更多地参照和自己相似的其他人，使用社会比较法来评价自己的行为、能力、特长和观点，以评估自己在多大程度上符合社会标准。这一时期儿童的自尊一直在发展，长期处于低水平自尊的儿童容易陷入失败的恶性循环，而低自尊引起的低预期和糟糕的表现会进一步压低儿童的自尊水平。

在学龄期，儿童对友谊质量与性质的感知经历了一些深刻的变化。根据发展心理学家威廉·达蒙的观点，儿童对友谊的看法经历了三个不同的阶段：一是基于他人行为的友谊阶段（4—7岁）。即儿童会把喜欢他的人、和他分享玩具和一起玩游戏的人视为朋友，不太会考虑他人的个人品质。这一阶段的友谊的核心是愉快互动。二是基于信任的友谊阶段（8—10岁）。儿童会考虑他人的个人品质、特点及他人可以提供的奖赏。这一阶段的友谊的核心是相互信任。朋友被看作是在需要时能够依靠的人，这同时也意味着违背信任的后果很严重。三是基于心理亲密的友谊阶段（11—15岁）。主要标准开始转向亲密和忠诚。这一阶段的友谊以亲密感为特征，儿童一般通过相互倾诉并分享各自的想法和感受来建立友谊。这一时期的友谊也会有些排外。在学龄期末期，儿童会寻找忠诚于友谊的朋友，并且开始根据友谊带来的心理益处而不是根据共享的活动来看待友谊。受欢迎的儿童普遍是乐于助人、幽默、能够理解他人情绪，以及能控制自己的非语言行为的人。不受欢迎的儿童可能会成为"习得性无助"的受害者，因为他们不理解自己不受欢迎的根本原因，所以他们可能会觉得自己没有能力去改变现状，最终结果可能就是，他们可能完全放弃甚至根本不会尝试加入同学的活动中去。反过来，他们的"习得性无助"成了一种自证预言，进而减少了他们将来受欢迎的机会。

这一时期，男孩和女孩都更多地选择同性别的朋友。男性友谊以群体、清晰的优势等级和限制性游戏为特征，女性友谊以一两个同伴的亲密关系、平等的地位和对合作的依赖为特征。

学习活动 3-4

社会工作者可以从哪些方面帮助那些在学校内不受欢迎的儿童改善处境？

第四节　青春期儿童的发展

青少年期覆盖的大约是 12—18 岁这个年龄阶段，这是一个略显尴尬的时期，它意味着青春发育期的开始，一直到一个人开始慢慢地承担成年人的角色。在这段时间内，个体的生理上会发生很多变化，这些变化又会对一个人的情感功能造成影响。

一、青春期儿童的生理发展

至少在生理方面，青春期开始的时间要比父母预期中的时间早得多。随着营养水平的提升和卫生条件的改善，个体进入青春期的年龄一直在提前，近年来在女童中尤其明显。

童年期的发育是缓慢而稳定的，但在青春期，身体的变化迅速而剧烈。在青春期的发育高峰期，青少年的身高平均增加 30 厘米，体重增加 9—14 千克。一年内，女孩的身高增长 8—13 厘米，而男孩的身高增长 10—18 厘米都是很正常的。男性的青春期以遗精为开始标志，女性则以月经初潮，即月经来临为开始标志。

在青春期，青少年渴望与同龄人保持一致，但是他们往往发现自己与同龄人并不相同。随着年龄的增长，虽然每个人的身体都在发育并且发生变化，但是每个人都有自己的成长速度。同一性别群体内部的差异同样巨大。例如，有的女孩在 9 岁时就开始发育，而有些女孩到了 13 岁才开始发育；在男孩中，青春期的外在迹象可能在 10—15 岁时才开始出现。一些青少年在一年半的时间内就发育成熟了，而另一些人则需要五六年的时间，这意味着一些青少年可能比其他同龄的孩子更快地度过青春期。

因此，青少年经常感到他们的身体失去控制。他们永远不知道自己何时开始或停止发育。对于青少年来说，最紧迫的问题是："我正常吗？"

另一些重要的生理变化发生在青少年的大脑中，两个脑区的变化尤其重要，即负责调节情绪过程的边缘系统和负责计划、控制情绪的前额叶，但是边缘系统比前额叶更早发育成熟。这些脑区变化的相对早晚可以解释青春期社会性发展的最突出的一个方面，即青少年往往容易做出一些危险行为。

二、青春期儿童的认知发展

在青春期，青少年不仅开始长得更像成年人，也开始像成年人一样思考，因此，他们看待自己、他人和生活的方式都在发生变化。科学家认为，青春期是大脑发育的关键时期。事实上，除了出生后的前三年，青春期可能是个体大脑变化最剧烈的时期。

（一）智力

青春期的智力增长必然涉及新的思维方式，青少年正在进入抽象观念、假设情境和形式逻辑的世界。

从智力上看，青少年的世界是截然不同的。青春期前的孩子通过描述具体动作和事实来思考，他们的思维离不开他们所能看到的、触摸到的和用手能抓住的东西。如果非要定义"公平"这样的抽象概念，一个8岁的孩子可能会说"把饼干分成两半""给每个人同样的机会"。而在青春期，他们对诸如公平、正义、诚实等抽象概念有了新的认识。青少年逐渐意识到，公平无法被量化，诚实不仅仅是说出真相，诚实的人也会审视自己的动机。童年时期简单的非黑即白思维让位于充满不确定性、模糊性和可辩论性的灰色地带。

膨胀的心智能力给青少年带来了诸多可能性。对于青少年来说，所谓真实只是众多可能性中的一种，他们的精神视野并不局限于眼前的环境。青少年今天是梦想家、理想主义者，明天可能就是严厉的批评家，他们最严厉的批评往往针对的是与他们最亲近的人——他们的父母。

（二）逻辑和理性

青春期是理性逐渐发展的时期。青少年思考问题的能力以及洞察不同立场或行为逻辑后果的能力比之前增强了很多。

虽然青春期前的儿童可以理解逻辑和理性，但他们很少使用这些思维工具。面对一个问题，小孩子马上就会绕过去，而青少年会停下来考虑最好的策略——思考他们需要知道什么，以及其他参与者如何回应他们的行动。

逻辑思维并不局限于作业和游戏，青少年还会将他们新发现的推理能力运用到家庭规则和管理的"游戏"中。比如，青春期男孩晚饭后告诉家长："我和同学去打球。"家长说："不，不行。你还有作业没做完。"男孩说："我已经做完了。为什么我要在这里闲着。"青少年已经能够预料家长的反应，并且已经准备好进行合乎逻辑的反驳。

高级思维开始出现在青春期早期（甚至是青春期之前）。在 11—12 岁时，大多数青少年对抽象概念、可能性和形式逻辑有一定的把握。然而，这些认知上的进步通常直到青春期中期或晚期才会真正实现。这个年龄段的青少年实际上处于一种"现在已经明白，但仍然不够醒悟"的阶段。一个青少年可能在某些场合（如数学课）应用高级思维，却在另一些领域（如管理零用钱）没有应用这种高级思维，似乎某一天聪慧、精明，但在另一天又迟钝、幼稚。这种不一致的行为不是他们故意而为的，也不意味着他们很懒惰。就像需要时间去适应一个新的环境一样，他们需要时间来适应新的思维。

大脑前部区域（前额叶皮层，位于前额后面，在左右两侧的太阳穴之间）是大脑的"首席执行官"。当我们思考复杂的问题，如权衡利弊、计算风险和回报、制订计划、做出复杂的决定时，大脑中被激活的部分就是前额叶皮层。在青春期，大脑中最重要的变化就发生在这个区域。到青春期结束时，前额叶皮层的活动会变得更有效，前额叶皮层和其他脑区之间的交流也会变得更好，特别是那些与我们经历、情绪感知、奖赏和威胁有关的脑区。

在青春期早期，前额叶皮层的成熟会促进复杂认知功能的提高，比如逻辑推理、前瞻性计划、同时思考几件不同的事情等。虽然这些成就不是一夜之间就能实现的（正如大脑发育本身，智力的发展也是渐进的），但是青少年的思维方式却发生了显著的变化。与青春期前的孩子相比，青少年的大脑运作得更好、更快。

（三）放大的快乐感

然而，大脑的成熟并不是以青春期为终点的，特别是负责调节情绪、控制冲动、平衡风险和回报的脑区，到25岁左右仍然在发育，这也是青少年虽然逐渐变得更理性，但同时也会做一些有风险的事情的原因。

在青春期早期，多巴胺的活性迅速增加，大脑奖励中枢的多巴胺活动比其他任何时期都多。在这个时期，很多事情都会变得特别令人愉快，因此，青少年往往会费尽心思去寻找有意义的经历。当然，在各个年龄段我们都在寻找让我们感觉良好的东西，但在青春期早期，这种行为的强度要比青春期之前或之后强烈得多。

寻求奖励和愉快经历的冲动是喜忧参半的。从好的方面来说，这是青少年的乐趣所在，但是有时这种驱动力十分强烈，以至于青少年看问题的角度很片面，他们被驱使着去寻找快乐，而没有关注相关的风险。

高级但不完全成熟的推理能力与放大的感官刺激，共同解释了为什么聪明的青少年经常做一些令人惊讶的"蠢事"。更重要的是，青少年控制冲动的能力是不成熟的，同时他们对感官刺激的兴趣比以往任何时候都更强烈，这使得他们容易犯错。青春期早期的青少年就像一个没有经过老司机指导的新手司机，需要有家长或成年人经常提醒他们"踩刹车"，有时，甚至可能不得不充当他们的"刹车系统"，降低他们让自己陷入麻烦的概率。

三、青春期儿童的社会性和人格发展

青少年能够更好地理解别人的观点，可以与成年人分享；青少年可能会提供有价值的见解，而且喜欢被当作一个有独立思想且值得重视的人。同时，青少年也会挑战成年人（尤其是家长）的立场和耐心，他们可能坚持与成年人讨论那些成年人已经有定论的问题，常常为了争辩而争辩。

对于青少年来说，智力发展打开了通往新世界的大门。换位思考的能力也将使他们进入亲密和友谊的新世界，届时，他们能够思考同龄群体的问题以及独立想出解决方案，从而有益于他们在社会上自力更生。

然而，当他们意识到生活并非如此简单以及事物并非一成不变时，他们就会产生新的焦虑。重新审视旧的信仰是青春期的标志之一，对于什么是确定的、永恒的、毋庸置疑的（如"父母无所不能""只要我努力，我就能成功"），青少年会变得犹豫不决。这类问题在青春期比在其他阶段更普遍。

同样值得注意的是，推理和判断是两回事。青少年发展出的智力技能已经达到成人的水平，但并不意味着他们已经能够像成年人一样判断是非。明辨是非不仅取决于推理能力，也取决于经验和心理成熟程度。青少年即使能够像成年人一样思考，但他们仍然比成年人更容易受到同伴压力、冲动或视角狭窄的影响。

能够像成年人一样思考并不会推动青少年在社交和情感上走向成熟。虽然青少年可能拥有思考伟大思想的心智准备，但他们没有太多的经验将抽象的逻辑应用到日常生活中。我们通常认为青少年的典型特征是由思想和经验之间的差距造成的。

（一）假想观众

青少年最重要的心智成就之一就是思考他人的想法，"他知道我清楚他所知道的……"。在青春期早期，这种新发现会成为一种困扰，青少年会认为每个人都在关注他们。实际上，他们构建了假想的观众，他们认为这些观众会观察并评估他们的每一个动作；他们确信每个人都会注意到他们脸上的粉刺，还会在背后笑话他们。假想观众是新的思维能力的结果，这种能力就是考虑别人的想法，与之相伴的是青少年无法区分自己的关注点和他人的兴趣。

（二）个人神话

青少年往往会认为自己是注意力的焦点，这种感觉会导致夸大的自我存在感，在青春期早期，这就容易形成个人神话。青少年认为自己是独一无二的，适用于其他人的社会规则和自然法则不适用于他们。

在抽象的层面，青少年明白，吸毒会上瘾、不安全的性行为可能导致怀孕、危险驾驶会导致车祸甚至丧失生命，但是他们没有足够的理智来将这些抽象的认知融入日常生活中。

青少年的独特感是自我中心主义的另一个来源，他们天真地相信没有人会像他们那样深切地爱着某人或某物，像他们那样遭受过深深的伤害，或者像他们那样透彻地理解某种现象。

（三）过度思虑

青少年经常被他们新发现的掌握复杂性的能力所迷惑，并可能忽视一个明显且简单的解决方案；把复杂的推理应用到简单的问题上，会让他们看起来很固执。例如，青少年在做决定时，遇到困难的原因之一就是他们能够思考无数的可能性。但是在青春期早期，青少年很难知道高级的思维方式在何时是适用的、何时是不必要的，以及何时会适得其反。

四、喜怒无常的青春期

青春期一直被视为一段不可避免的情绪混乱期。事实上，绝大多数青少年在没有严重问题的情况下都会逐渐成熟。一些青少年在情感上有问题，但这种困扰很少是在青春期露出来的。陷入困境的青少年几乎总是和学校、同龄人和父母脱不开干系，这并不能否认青少年是喜怒无常的，青春期早期确实是情绪剧烈起伏的时期。

在青春期早期，自信心往往会暂时减弱。10—13岁的孩子比年幼的孩子更容易对自己的外表感到不满，怀疑自己的能力，或者对自己的受欢迎程度感到担忧。与此同时，他们的自我意识也在增强。青少年会想"我能做到吗？""我看起来很愚蠢吗？""别人会怎么看我？""我能交到朋友吗？"等一系列问题。

一般来说，女孩比男孩有着更强烈的自我怀疑。主要有以下三个方面的原因：首先，女性所受到的教育强调与他人相处，而男性所受到的教育强调独立自主。受欢迎对各个年龄段的女孩都很重要，她们在初中时遇到的人群和小团体可能会威胁到她们所建立的自我形象。其次，女孩的青春期通常开始得较早，而男孩通常比女孩晚一两年才开始进入青春期。一个上了初中的女孩可能看上去很成熟，但她们仍然感觉自己像个孩子。最后，社会向女孩子们传达了很多关于女性吸引力的信息。虽然迷人、美丽的女人很受欢迎，但是好女孩却被认为应该是保守的（例如，"不要衣着暴露"）。社会向男孩传达的信息更简单（例如，"谨慎点""去尝试吧"）。社会也向女孩传达了复杂的关于成就的信息，即在学校里女孩要表现得优秀，但不要太有竞争力；女孩太聪明不会讨男孩喜欢。男孩刻板印象的核心即事（学）业上的成功。因此，青春期的女孩更有可能怀疑自己的能力或担心别人不喜欢自己，与此同时，男孩也不能避免自我怀疑。这样的脆弱感会在青少年进入青春期时达到顶峰，但是不会在整个青春期持续下去，到了青春期中期和晚期，自我价值感会增强。

当青少年进入青春期时，可以预见他们会有以下一些极其脆弱的表现：（1）喜怒无常。青少年可能刚刚还欣喜若狂，转眼间就会变得悲痛欲绝，他们的情绪强度似乎与引发他们情绪的事件完全不成比例。（2）生闷气。青少年在情绪表达上没有太多的经验，他们可能会感到沮丧，但不知道为什么会这样，也不知道如何用语言来表达他们的感受，或者他们根本就不想这样做。他们还有可能会把他们感受到的所有不适都归咎于某个特定的评论或事件，而不能考虑其他任何事情。（3）注重隐私。一直在舞台上表演是很累的，观众只是青少年虚构出来的，关上房门才可以让青少年放松下来。（4）脾气暴躁。即使很少或完全没有受到刺激，青少年也可能会冲父母或兄弟姐妹发脾气，这是所有人都会使用的防御机制——当我们感到沮丧或焦虑时，会把这些感受转移到另一个人身上。

值得注意的是，要学会区分正常的脆弱、喜怒无常的情绪与心理问题的危险信号。青少年心理问题的13个危险信号分别是：（1）青少年长期沉默寡言，对别人毫无兴趣；（2）青少年没有同龄朋友，也没有融入同龄群体；（3）青少年的课外活动和周末活动的模式突然改变；（4）青少年我行我素，避开父母或其他成年人；（5）青少年老实、温顺,从不追求独立,从不发起活动;(6)青少年在学校的行为(出勤情况或学业成绩)突然变得很糟;(7)青少年经常离家出走或逃学;(8)青少年经常打架和对他人施加身体虐待;(9)青少年发生随意的性行为;(10)青少年经常酗酒;(11)青少年频繁焦虑甚至陷入抑郁;(12)青少年过分关注外表而导致体重处于危险的边缘;(13)青少年谈论或威胁说要自杀。

青少年抑郁症常被忽视,其中一个原因是,人们对青少年喜怒无常、郁郁寡欢、情绪不稳定的刻板印象,可能会导致父母或其他人误认为青少年只是"在经历一个特别的阶段"——青春期叛逆。另一个原因是,青春期早期的抑郁往往伴有其他痛苦的迹象,如焦虑或易怒。以下是一些值得注意的情况:(1)无聊和烦躁不安。一些抑郁的青少年会寻求持续的刺激,虽然他们会热情地投入新的活动,但很快就会失去兴趣,拼命寻找其他刺激。这种无休止地寻求刺激的行为可能是一种无意识的尝试,青少年试图逃避内心的空虚,或者说这种尝试可能反映了更普遍的焦虑。(2)疲劳和对身体感到忧虑。抑郁的青少年在大部分时间里都感到精疲力竭,他们有时会失眠,有时可能会睡8—10个小时,甚至14个小时,但醒来后仍然疲惫不堪。他们对自己身体的关注程度可能远远超过其他青少年。许多人抱怨自己头痛或有胃病,事实上,他们不是在装病,持续的紧张和焦虑的确会对身体造成伤害。他们也可能忽视外表和卫生,尤其是女孩,可能会吃得过多或过少。(3)难以集中注意力。抑郁的青少年常常很难集中精力完成手头的任务,从而导致学习成绩下滑。当被问及遇到什么问题时,他们通常会说不管怎么努力,自己似乎都记不住任何东西。与成年人不同,他们不会把难以集中注意力和自己的情绪状态联系起来。抑郁的青少年引起学校老师注意最普遍的原因不是他们有抑郁情绪,而是他们在学业上遇到了困难。(4)亲近或远离人群。一些抑郁的青少年害怕独处,如果他们发现父母下班回家晚了,或者觉得有必要打电话给朋友,他们可能会感到恐慌。在某些情况下,抑郁会导致滥交,因为肢体上的亲密接触会暂时缓解他们对被抛弃的恐惧。其他抑郁的青少年会远离人群,而不是亲近人群。他们不想出门,为了疏远以前的朋友而有意做出某些行为。他们觉得自己一无是处、不受欢迎,想要避免被人拒绝。

虽然对青少年正常的情绪巅峰期和低谷期不做过度反应很有必要,但更重要的是,要认识到问题的深层原因。在校表现、活动模式、活跃程度、社交行为和友谊模式的急剧变化，无一不表明青少年遇到了麻烦。

学习活动 3-5

分组讨论：为什么青少年逐渐增长的认知能力没能阻止他们做出不合理的行为（如药物滥用、吸烟、酗酒、超速驾驶、不安全性行为等）？社会工作者如何设计一个学校或社区内的项目来帮助预防这些问题的发生？

从儿童不同的发展阶段可以看出，儿童所遇到的困境不仅源于儿童个体的生理、认知、社会性和人格发展方面的挑战，也源于儿童所处的环境系统，但这些环境系统中既有危险性因素，也有保护性因素。社会工作者在回应儿童问题和满足其需要时，需要综合考虑儿童所处阶段的发展特征，评估环境中的危险性因素和保护性因素，才能做出专业的选择。

第四章　儿童游戏治疗

◆ 本章要点

- 玩具是儿童的词汇，游戏是儿童的语言。
- 游戏治疗是从事儿童服务工作的专业人员的必备技能。
- 在儿童服务工作的过程中，工作人员始终要向儿童传递四个信息：我在这里，我听到了你说的话，我了解了你的情况，我关心你。

第一节　儿童与游戏

对从事儿童工作的人来说，"回到开始，重新成为孩子"是一句大有裨益的格言。我们会发现，在重温和回忆愉快的童年游戏，或观察在公园、街头和校园里玩耍的儿童时，我们能够重新联结"童年"。这是非常宝贵的体验，使得我们能够唤醒记忆中或观察到的"自发时刻"，并在以后将其用作重要的为儿童服务的工具。

如果儿童没有得到理解，他们又怎么能获得帮助？

因此，社会工作者需要向前一步，用儿童的视角观察他们的世界，这样才能了解到儿童的特殊需要，以及他们常常会通过游戏与他人进行交流的方式。

游戏是儿童的语言！如果成年人期望与儿童进行密切的情感交流，他们必须理解儿童在做游戏时所传递出的信息的含义。游戏不是简简单单的玩耍，它是儿童的一种非语言交流的形式，因为在儿童所处的场景下，语言不能够或不足以表达他们的实际想法。因此，如果我们想对儿童有所帮助的话，我们必须乐于和他们打成一片，看他们所看的，体验他们所体验的，感受他们所感受的，好奇他们所好奇的。而要做到这些，就需要进入他们的游戏世界。唯有这样，我们才能真正触到他们的内心深处。

一、游戏的重要性

虽然游戏并不仅限于儿童，但儿童无疑是游戏的主力军。成年人的游戏通常充满了严肃性和竞争性，而儿童游戏不像成年人对娱乐与休闲的需求那样，因此，在玩的过程中可以反映出他们的内在想法。游戏是儿童表达情绪的一种方式，它是童年时期最自然、最重要的活动内容，儿童需要通过游戏来获得身心、情绪和社交方面的发展。加里·兰德雷思博士对儿童与游戏的关系做出这样的评价："如果游戏能被看作儿童极其自然的交流方式，它就可以充分发挥作用。相较于语言，儿童通过他们即兴随意的游戏能够更直接、准确地表达他们的想法和情感，因为在做游戏时，他们处于一种更自在和放松的状态，所以此时他们流露出的一切更纯粹和本真，也更具有自我疗愈的能力。"

在弗兰克·开普兰（Frank Caplan）和特丽萨·开普兰（Theresa Caplan）合著的《游戏的力量》（*The Power of Play*）一书中，他们总结了游戏令孩子着迷的几个重要因素。

（1）游戏在本质上是自愿的活动，在充满要求和规则的世界里，游戏不仅让儿童耳目一新，而且还能让儿童从紧张状态中得到放松。

（2）在游戏时，儿童不会受到来自成年人的评价和判断，即使失败了，也不会因出错而产生挫败感或担心遭到耻笑。

（3）游戏鼓励儿童充分发挥想象力和使用幻想。在虚拟的世界里，儿童可以在没有竞争的情况下练习自我控制的技能。

（4）游戏能够激发儿童的兴趣和参与意愿，因为儿童的注意力通常只能保持较短的时间，而且他们也不愿意参加那些兴趣不大、没有吸引力的活动。

（5）游戏有助于儿童的身心发展。

历史上，每个时代的儿童都会用游戏的形式来化解其在现实世界中遭遇的不幸。例如，第二次世界大战时，犹太人遭遇大屠杀，在奥斯维辛的纳粹集中营里，儿童虽然目睹战争的恐怖并且随时会面临死亡,可他们依然聚在一起做游戏。儿童不仅用这些游戏安慰了自己,而且还借由它们使失去理性和控制的世界保持了一定的意义和秩序。游戏在主观与客观、具体与抽象以及非语言与语言之间架起了一座宝贵的桥梁。精神分析学家和发展心理学家艾瑞克·艾瑞克森(Erik Erickson)认为,儿童可以借助游戏"弥补失败、痛苦和挫败给他们造成的伤害,特别是在他们的语言表达能力有限时"。游戏是儿童解决问题和化解冲突的最本能和最直接的方法。在游戏过程中,儿童可以控制世界、消除误解和重新感知生活。比如,一个4岁的孩子认为他的衣柜里藏着妖怪,到了夜里妖怪会跑出来,因此,他非常害怕。于是在白天的时候,他将这些妖怪都画出来,然后用他的"宝剑"将妖怪"杀死"。在这个过程中,儿童用游戏的方式探究和解决问题,战胜恐惧。

二、发展游戏的重要性

游戏治疗协会的创始人、心理学家查尔斯·谢弗(Charles Schaefer)指出:"游戏是儿童发展必须经历的过程,这一观点应当成为心理学领域最根本的规则之一。"皮亚杰也认为,游戏为儿童提供了一个"情绪实验室",对其发展至关重要,儿童在游戏的过程中认识自己、他人和周围的世界。虽然不同的理论对儿童发展有不同的理解,但游戏是儿童发展过程中重要的、不可或缺的内容,这是毋庸置疑的。

12岁以前的儿童尚未完全掌握用言语表达需求的语言技能和抽象思维能力,大多数谈话疗法中抽象推理所需的发展成熟度远远超出了儿童的能力范围。皮亚杰的研究认为,儿童在11岁以前尚未开发出抽象推理的能力,因此在这一阶段,想通过语言沟通了解儿童真实准确的情绪状态太困难了,简直可以说是不可能的。

游戏和语言是截然不同的表达方式。在认知言语化的过程中,儿童必须将其思考的内容用可接受的方式(谈话)表达出来,儿童显然在这方面具有局限性,却不得不强迫自己适应这一媒介形式。然而,游戏和幻想就不存在这样的限制,儿童可以自由自在地创造,无须考虑他人是否理解。游戏可能是儿童表达其世界具体内容的唯一方式。如果成年人不懂得变通，不能接受儿童的"想入非非"，一定要让他们按部就班地照着成年人的构思进行交流，那么很可能会让社会服务工作无法继续下去。

游戏在儿童发展过程中的重要性必须引起足够的重视，其中对儿童在游戏时的行为和体验进行探索和研究尤为关键。游戏是儿童探究和适应现实世界中的时间、空间、事物、动物、结构和人的方式。在投入其中时，儿童以其个体方式揣摩、体验和学习现实世界里的生存意义和价值。对儿童发展来说，游戏有几大功能：（1）生物方面，比如手随眼睛移动、精力的消耗以及肌肉运动；（2）个体内在方面，比如儿童对环境和冲突的掌控需求；（3）人际关系方面，比如儿童尝试分离、培养个性和学习社交技能；（4）社会文化方面，比如儿童了解文化形成过程及其环境。如表4-1所示，学龄前儿童的部分游戏功能，在不同类型的游戏中，儿童都能获得成长和学习。

表4-1 学龄前儿童的部分游戏功能

游戏类型	描述	例子
功能性游戏	2—3岁儿童的典型游戏。涉及重复性的简单活动，以感受和锻炼自己在身体方面的控制能力	反复移动物体（如玩偶或玩具车），以及进行重复性的肢体动作（如连续跳跃、反复画线条、将黏土搓圆）
建构类游戏	儿童4岁左右开始进行此类游戏。设计更为复杂的游戏，儿童在游戏中操控物体用以生成或建造某物。建构性游戏有助于儿童练习认知技能和运动技能	用积木建造房子或完成拼图

皮亚杰指出，游戏能帮助儿童把具体体验与抽象思考结合起来，并且具有非常重要的象征性功能。游戏和游戏治疗的象征特质在儿童发展进程中不可或缺，象征是信心的开启，它对于精神意识的发展能起到关键作用。通过游戏所具有的象征性功能，信心在儿童身上被点燃并逐渐稳固。

三、游戏的类型

关于游戏的分类也有很多种说法。著名的儿童心理学家大卫·艾尔金德将游戏分为四类：(1) 探索性游戏。该类游戏意味着探索和重复。儿童是具有目标导向的对象，并且针对一个特定的技能活动，只有当儿童已经掌握了这个技能，才有机会将这个技能进行扩大和运用。(2) 创新性游戏。该类游戏是非语言类和语言类游戏发展的结果。(3) 关系性游戏。因儿童之间有了相互关系才出现，通常表现为自发性游戏。(4) 治疗性游戏。帮助儿童应对压力、冲动或创伤等，为儿童提供一个表达负面情绪的出口。艾尔金德认为，所有儿童都会把治疗性游戏作为一种应对压力的方式。

另一种分类是将游戏分为六类，分别是偶然性游戏、感觉运动游戏（练习性游戏）、有具体对象的游戏、言语游戏、竞赛游戏和象征性游戏。偶然性游戏是建立在参与者与他人相互作用基础上的游戏。感觉运动游戏主要出现在婴儿期，包括以感官特征为基础的活动。一般情况下，儿童开始有具体对象的游戏是在感觉运动期之后，儿童开始和具体物体进行游戏。言语游戏包含文字游戏和概念的语言表达。竞赛游戏包括那些需要运动技能的游戏。象征性游戏（或假装游戏）是使用物品、行为、言语表达的游戏。

总而言之，游戏能够促进儿童生理、心理、社会性的发展，能够给儿童带来安全感、控制感、独立性和创造性，更是成年人了解儿童、倾听儿童、帮助儿童的重要媒介。

第二节 游戏治疗

基于游戏对儿童的重要意义，游戏治疗通常被认为是从事儿童服务工作的专业人员，如社会工作者、心理咨询师、婚姻和家庭治疗师等必备的专业技能。

一、什么是游戏治疗

游戏治疗是广泛应用于儿童心理和行为辅导的一种方法。加里·兰德雷思对游戏治疗给出的定义是："介于儿童与咨询师之间动态的人际关系。咨询师需要接受过游戏疗法的培训，能够提供经过选择的游戏材料，并与儿童建立起令其感到安全的关系，可以让其通过最自然的交流方式——游戏——来充分表达和探索自己（包括感觉、想法、经历和行为）。"在这一定义中有如下要素。

1.游戏治疗中的关系是动态的人际关系。事实上，游戏治疗的过程主要是以儿童为中心，其治疗的进展也应由儿童决定和掌控，因为这些受到过情感创伤的儿童没有其他机会来体会控制和权力的滋味。以儿童为中心的治疗方法，意味着在治疗过程中社会工作者不要贸然干预，要与儿童保持一定距离，让他们有足够的安全感，这样可以增进他们与社会工作者之间的关系。但同时社会工作者也应在适当的时机以言语或非言语的方式介入儿童的游戏，从而表现出主动而非完全被动的状态。简言之，儿童虽然是主角，但社会工作者的表现也必须是积极和投入的。

2.游戏治疗的实施者必须接受过儿童游戏治疗的相关培训。游戏治疗不是给儿童提供玩具或陪儿童一起玩。它是一个需要相关人员接受全面学习、完整培训的体系，包括理论学习、实际操作以及在督导在场的情况下对服务对象采用游戏治疗的方法。

3.应当提供经过选择的游戏材料。随意提供一堆玩具是不可行的，需要对玩具精挑细选，确保所使用的玩具对治疗是有意义的，并且能够达到社会工作者期望的效果。

在游戏治疗中，并非玩具越多越好，而是需要根据儿童的年龄、需求和困境提供相应的玩具。以下是可以帮助儿童表达经验、感受和需求的基本玩具：

● 养育类玩具：婴儿娃娃、奶瓶、奶嘴、娃娃床、医药箱、绷带、医生服、炊具、塑料食品、餐具等。

● 能力类玩具：积木、套环玩具、篮筐、保龄球等。

● 释放攻击性玩具：具有攻击性的塑料或毛绒动物玩具（如老虎、狮子、鳄鱼、蛇等玩具）、不倒翁、塑料士兵、培乐多彩泥、橡皮刀、飞镖枪等。

● "现实生活"类玩具：娃娃屋、娃娃家具、人偶（如家庭成员、不同职业的人、动物家庭成员等）、玩具钱、收银机、清洁用品、交通工具等。

● 幻想/装扮类玩具：代表不同职业及不同身份的服装、面具、帽子等。

● 创造性表达和情感释放类玩具：沙子、画笔、颜料、胶带、胶水、儿童剪刀、冰棍棒、扭扭棒、培乐多彩泥、黏土等。

4. 要与儿童建立并发展安全的关系。在为儿童提供服务时，仅仅与他们进行言语交流是完全不够的。首先，要为儿童提供一个安全固定的服务场所。其次，受过重创或陷入情绪紊乱中的儿童会感到无力和失控，这在他们的行为上能很明显地反映出来。在这种情形下，先帮助他们树立信心和自尊是非常必要的，而游戏室和游戏过程中的氛围能让儿童感到安全，并赋予他们权利，然后他们的那些不当行为就会逐渐消失。

5. 要给予儿童充分表达和探索自己的机会。探索自我在所有治疗过程中都占有相当大的比重，它不是自恋的表现。当我们失去自我形象的基础，并且在行为和情绪上遇到困境时，我们就会变得非常脆弱。否定自我会导致压抑，压抑又会产生错觉，因此，我们必须接受一些虚假的信念来填补压抑造成的空虚。丧失信念和对自我形象不正确的评价，是我们心理和精神出现问题的原因，因此，重新进行自我探索会使人最终获得身心的健全。

在服务过程中，社会工作者对儿童的回应尤其关键。社会工作者一定要跟踪儿童游戏的全过程，包括游戏内容及儿童的反应。通常接受服务的儿童非常需要他人的接纳和认可，当然也包括对他们的信任。专业人员在服务过程中要向儿童传递四个信息：我在这里，我听到了你说的话，我了解了你的情况，我关心你。

6. 游戏治疗可以让儿童使用对他们来说最自然的交流方式——游戏。"只要给予儿童机会，他们就会像成人一样表露他们的感受和需要。虽然他们与成人的交流方式不一样，但表达的内容（包括恐惧、满意、愤怒、快乐、沮丧和知足）却与成人差不多。"如果我们觉得不能理解儿童，那或许是因为彼此使用的"语言"不通。要想理解他们，就需要在交流时使用他们的语言——游戏。

游戏治疗颇具效果的一个重要原因就是，它为儿童提供了一个公平的环境，使儿童感受到了被尊重。只有当儿童在交流过程中感到被理解后,他们才会与社会工作者建立并维持关系。

在儿童治疗领域,在治疗过程中首次尝试使用游戏的是西格蒙德·弗洛伊德对小汉斯的治疗,但并未真正发展起来。直到 1919 年,赫敏·哈格-赫尔穆特才直接将游戏用于心理治疗。在过去的一百多年里,游戏治疗领域一直在不断发展,不断推出新的方法,包括以儿童为中心的游戏疗法、客体关系和以依恋为基础的游戏疗法、阿德勒游戏治疗、荣格分析性游戏治疗、心理动力游戏治疗、认知行为游戏治疗、整合性游戏治疗等等。面对儿童存在的各类问题,游戏疗法已经被证明是非常有效的治疗模式。

二、游戏治疗的益处

游戏不但可以促进儿童正常行为的发展,而且能够纠正他们的非正常行为。

查尔斯·谢弗(Charles Schaefer)列出了游戏治疗过程中的疗效因素:

●克服阻抗:由于游戏能够吸引儿童,因此,即使那些非自愿的服务对象也会在游戏时不自觉地与社会工作者建立关系。

●沟通:游戏是自我表达最自然的媒介。

●掌控:游戏能够满足儿童探索和掌控环境的需要。

●创造性思考:游戏鼓励儿童提升解决问题的能力。

●宣泄:在游戏过程中,儿童可以释放那些一直以来困扰自己或无法面对的强烈情绪。

●化解:儿童在游戏时借着情绪的释放可以处理和化解曾受过的创伤。

●角色扮演:在游戏时儿童有机会尝试选择行为。

●幻想:游戏能够增强儿童的想象力,有助于他们了解和应对痛苦的现实。

●比喻:通过比喻,儿童面对他们遇到的冲突或恐惧可以找到适应性的解决办法。

●强化关系:游戏有助于建立积极正面的治疗关系。

●愉悦:儿童都喜欢游戏,游戏带给儿童愉快的情绪体验。

●控制恐惧的发展:在系统脱敏疗法的帮助下,儿童通过重复游戏可以减轻焦虑和恐惧的情绪。

●竞赛游戏：竞赛可以帮助儿童增强社交能力和发展自我控制能力。

儿童能够比较容易地觉察到游戏治疗关系的独特性。6岁男孩在游戏室里可以自由地选择他想玩的玩具——洋娃娃、毛绒玩具，也可以做他想做的游戏——过家家、养育娃娃，不用担心有人在旁边说："男孩子不能玩这些，这是女孩子玩的。"如此他就能够体验到游戏室是一个很特别的地方，游戏室里的社会工作者也是很特别的人——在这里，儿童可以做自己。

游戏治疗的主要优势是，它能够为儿童提供一个有助于疗愈和成长的环境，而不是一个满足认知和心理需求的环境。在这样的环境下，再加上一位有爱心、给予他帮助的成年人的陪伴，就能够使儿童发现并滋养其内在力量。这不仅能帮助受到伤害的儿童在游戏治疗中应对冲突和混乱，而且还可以增强他们的应对技能和自我控制能力，并将这些能力和技巧运用在今后的日常生活中。

三、关系的疗愈力量

如前所述，游戏治疗对儿童有诸多疗效，但最核心的疗愈力量是儿童与社会工作者之间缔结的关系。具体来说，在游戏治疗中，社会工作者与儿童的关系应该是：

●聚焦人而不是问题。与问题导向不同，社会工作者在游戏治疗中关注的是儿童本身，而非他们所表现的问题。

●聚焦现在而不是过去。这并不是说儿童的过往经历对当下来说无足轻重。如果社会工作者聚焦于过去，他就很难全神贯注于儿童当下的表现，无论他多么想改变遭受创伤儿童的过去，都不可能做到。在游戏时，由于儿童可以主导和引领游戏进程，因此，他们会通过幻想把过去的经历呈现出来。社会工作者的工作就是与此时此刻的儿童在一起，社会工作者医治的不是儿童的过去，而是改变儿童对过去的认知和回应。

●聚焦感受而不是想法或行为。虽然大多数儿童接受治疗是因为行为方面的问题，但透过行为所表达的情绪需求才是最关键的。

- 聚焦理解而不是解释。无论哪个年龄段的服务对象在咨询时都希望得到有同理心的倾听，而不是直截了当地为其解决问题。给予儿童理解也是向他们表达深深的爱和关心。只要把这四个信息（我在这里，我听到了你说的话，我了解了你的情况，我关心你）传递出来，儿童就会感到被理解。

- 聚焦接纳而不是纠正。生活中的儿童经常被父母、老师纠正，因此，在治疗过程中，他们一定不想再继续同样的经历。社会工作者应提醒他们的父母注意纠正的正确方式以及接纳的重要性。无条件的接纳在关系中能够产生惊人的效果。

- 聚焦儿童的动向和智慧，而不是社会工作者的指令和知识水平。我们如果相信儿童有智慧引领咨询的过程和方向，就应该给予他们一个自我成长的机会。反之，如果社会工作者一定要将自己的认知强加在儿童身上，很可能会阻碍服务的进程，甚至产生破坏作用。

第三节　游戏治疗的实务技巧

游戏治疗对于儿童来说，就相当于心理咨询对于成年人，如同谈话是成年人最自然的沟通方式，游戏则是儿童最自然的交流方式。在游戏中，玩具就像词汇，游戏就是儿童要表达的语言。在游戏治疗过程中，成人会为儿童提供经过特别挑选的玩具，使他们能够通过摆弄这些玩具而将无法用语言表达的内心想法传递出来。当儿童借助游戏向一个受过培训并且理解他的社会工作者传递自己的感受后，他就会感觉好多了，因为他得到了释放。作为成年人，我们或许也有过类似的经历。当我们被某件事或某个问题困扰时，若能找到一个真正关心自己、理解自己的朋友，并向他倾诉，我们必定会感觉好受一些，而且应对问题也更有信心了。对儿童来说，游戏治疗就如同向朋友倾诉一样，只不过他们使用娃娃、玩偶、颜料或其他玩具来表达自己的想法或感受。

社会工作者第一次面对儿童的时候，如何开展工作？如何在游戏中观察和回应儿童？如何通过游戏评估儿童的需求和困境，并进行有效的干预？

一、开始前的准备工作

（一）物理环境的准备

虽然与儿童建立关系最具治疗价值，但是认真考虑为儿童提供的游戏环境和游戏材料也很重要。既然游戏是儿童最自然的交流语言，那么玩具就是他们用于交流的词汇，游戏室则是儿童在服务期间的世界。

一个理想的游戏室应当给儿童充分的安全感，尽可能不让儿童分心。事实上，因为儿童年龄偏小，他们更容易走神，所以开展儿童工作的空间应当尽量减少外来噪声、画面的干扰。通常情况下，游戏室理想的面积在14—18平方米，过大或过小会影响到社会工作者与儿童的相处。此外，地板、墙壁应该都是比较容易清洁的。条件允许的情况下，还应该在游戏室里设置一个洗手间，部分儿童在遇到敏感话题的时候，会更频繁地使用洗手间。当人感到失控的时候，往往会去洗手间镇静下来和安慰自己，这也是儿童锻炼自我控制的一种方式。洗手间内的水龙头、洗手池也可能成为延伸的游戏场所，或者是一种重要的"玩具"。更为重要的是，游戏室内的一切设施对儿童应该是安全、无伤害的——玩具应当放在牢固的架子上，方便儿童拿取；桌椅的边角被包裹起来或呈圆弧状；剪刀等工具应选用儿童款；等等。

当然，在现实中社会工作者可能并没有一个"完美"的游戏室，往往只能背着一大包玩具或提着便携式的游戏箱穿梭于学校、儿童的家里、办公室等不同的服务场景中，有时很难做到让儿童在游戏时不分心。比如，尽管在儿童自己的房间开展工作，但因为家庭的其他成员在客厅或其他房间的动静，常常会引起儿童不由自主的关注，于是他们会从正在进行的游戏中游离出去。尤其是对于亲子关系紧张、有家庭暴力情况的儿童来说，这样的分心是在所难免的。面对这种情况，社会工作者要时刻保持警醒，恰当地将儿童的注意力吸引回来；另一方面，要确保游戏治疗过程中的保密性，提醒相关人员保持安静，减少干扰。

游戏是儿童的语言，玩具既是儿童使用的词汇，同时也是社会工作者的工具。对儿童与社会工作者来说，玩具的安全性最为重要。因此，塑料、泡沫、软材料制作的玩具更为合适。如果一个攻击性强的儿童喜欢把玩具扔来扔去，那么相比于金属材料制作的玩具，被塑料玩具砸到的危险性会大大降低。

玩具应当尽可能是通用型的，儿童可以用它表达不同的想法。加里·兰德雷思强调，选择玩具时应考虑其是否符合游戏治疗过程的几个必要条件：

- 有利于与儿童建立积极的关系。
- 能用于表达各种不同的情绪和感受。
- 能用于探索实际生活中的经历。
- 在可实际验证的范围内。
- 有利于发展积极的自我形象。
- 有利于促进自我了解。
- 为发展自我控制能力提供机会。

玩具的分类在本章第二节中提到过，比如积木、培乐多彩泥、画笔、颜料等玩具的通用性可以让儿童自由表达，他们可以通过想象和幻想来表达自己内心的想法和感受，因为这些玩具没有所谓"正确或标准"的玩法。值得注意的一点是，一定要准备一些可供儿童破坏的玩具，比如泡沫、报纸、鸡蛋包装盒等。如果儿童需要借助破坏物品来发泄心中的愤怒或沮丧，可以让他们破坏这些玩具。在游戏过程中，任何情绪都是可以接受的，社会工作者要做的是让儿童有节制地发泄。

给儿童提供的玩具不一定是崭新的，旧的玩具、使用过的玩具，甚至破损的玩具都是可接受的，这些玩具反而会让儿童更"安心、放心"地使用。有的儿童觉得这些破损的玩具是由自己"弄破"的，所以他们会对那些破损的玩具产生一种认同感。需要特别提醒的是，如果破损的玩具变得尖锐，会带来危险，那么就必须拿走，不让儿童接触到。

（二）与家长（父母／监护人／主要照顾者）相关的准备工作

在现实生活中，儿童需要社会工作者的服务有时是由家长提议的，有时是社会工作者发现并主动提供服务的，也有可能是儿童自己要求的。无论是哪一种情况，社会工作者都需要与儿童的家长做好以下准备工作。

  1. 在与任何年龄的儿童进行一对一工作前，最好都要与其合法监护人签署知情同意书。知情同意书中所包含的具体内容可以根据具体的服务内容、职业资格、职业伦理等设定，其中保密是一个非常重要的议题。一方面，社会工作者必须遵守职业伦理，遵循对服务对象信息的保密原则；另一方面，儿童是未成年人。在法律上，监护人对儿童负有责任，他们要求了解服务过程中的所有细节无可厚非，但这又牵扯到了一个敏感的问题，即哪些是监护人应该知道的？哪些属于孩子的隐私？年幼的儿童对隐私保密可能尚未有清晰的认知，但年纪稍大一些的儿童对此已经有了一定的了解。因此，这不是一个容易回答的问题。它的答案取决于许多考量因素，包括监护人能否妥善使用获得的信息、信息的性质、孩子情绪的脆弱性以及信息所涉及的当事人的安全等等，社会工作者在这些方面最好能够提前与孩子、监护人达成一致。

  如果出于培训或服务成效展示等目的，社会工作者打算使用和儿童一起工作的录像、照片等，还需要与儿童的监护人额外签署一份肖像使用同意书。

  2. 家长是了解儿童成长史和交流模式的第一知情人。在儿童服务中，他们也能够为儿童的改变提供很大的支持，家长可以帮助儿童将新的观念和行为运用到游戏室以外的情境中。事实上，很多时候家长也需要改变他们对自己和孩子的看法以及他们与孩子的互动方式。需要提醒的是，虽然向家长了解儿童的情况和收集相关信息很有必要，但这不应影响社会工作者与儿童在一起时的态度和应采取的做法（第五章会详细列出需要向家长了解的儿童成长史的内容）。

  3. 社会工作者要面对的一个现实是，与儿童的家长打交道并不容易。儿童表现出来的问题大概率是对家长的问题或问题家长的反应。因此，社会工作者在与儿童的家长做工作时，需要对他们的需求有敏锐的观察力。有时他们会觉得为人父母令他们不堪重负，有太大的压力。有能量的父母才能培养出有能量的孩子，社会工作者需要看到家长的需求，肯定他们的能力，同时，了解和认可家长所处的环境并给予他们帮助也很重要。对于大多数家长而言，他们都在尽自己所能养育孩子，只是有些结果不甚令人满意，但是批评和指责他们于事无补，社会工作者若以专家的姿态工作，只会导致家长产生强烈的自我防御反应。看到和理解他们的处境是拉近关系的重要因素。此外，社会工作者要主动示范如何专注于儿童服务工作并对他们的感受做出回应，让家长观察和学习到"用专心倾听取代提问"是向孩子表达爱和理解的最好方式。

4. 社会工作者要记住自己的角色只是暂时的，工作的目标是让儿童与家长掌握一些必要的技能并且获得独立性。社会工作者与家庭成员所起的作用是完全不同的，切记社会工作者不能代替家长。

二、儿童游戏治疗的过程

整个治疗过程在开始之前，社会工作者需要放下成年人的角色，主动进入儿童的世界，并始终与他们同在，允许儿童做自己。

（一）与儿童的接触

与儿童的接触需要从小事开始。

行为学家布勒顿·琼斯发现，当儿童看着对方或微笑时，他们的头是侧着的，头和身体倾斜的姿势体现着谦逊和柔和。因此，如果社会工作者在和儿童打招呼时，保持这样的姿势，并且与儿童保持同样的高度（蹲下来或弯曲膝盖），就是在用身体语言表达对他们的接纳，并且让他们感觉到你是一个不会对他们构成威胁的成年人。这是一个行之有效的方法。若是儿童的家长与其一起，社会工作者要先蹲下和儿童打招呼，向他们做自我介绍，和家长简单点头示意，不要给家长过多讲话的机会，因为这一刻儿童是最重要的人。

社会工作者在与儿童及家长做简单介绍后，以肯定的语气告诉儿童"我们一起去游戏室/我们一起玩玩具吧"，而不是询问"你想和我去游戏室/玩玩具吗？"，这时处于紧张或抗拒中的儿童很可能的回答是"不想"。

儿童在整个治疗过程中的安全感是非常重要的。最好的方式是儿童单独进入游戏室或开始游戏，但如果儿童离开父母就会感到不安，那就让父母陪同进入，否则很难从儿童身上了解到问题所在。过程中父母再找合适的时机离开，如果父母一直都在，儿童就不能自由探索问题。社会工作者用同理心回应儿童的情绪，有可能会更好地建立关系。

在整个过程中，社会工作者的肢体语言很重要，比如保持身体开放姿势、身体向前倾；坐在地上或小椅子上，使脸和儿童的视线保持在同一水平，体现出对他们感兴趣，并让他们感受到被关注和接纳；当儿童在室内移动时，社会工作者将整个身体转向儿童，而不是只把头转过去。

社会工作者是否要参与儿童的游戏以及参与的程度，均与治疗目标、儿童的状态以及选择的治疗模式相关。但需要注意的是，社会工作者参与的程度越高，儿童主导游戏过程所面临的挑战也就越大，包括培养儿童的决策能力、责任感和自我控制力。不过，若儿童主动邀请成人加入时，则可以直接加入，但须牢记游戏的主导权仍在儿童手中。

还需注意的是，许多儿童出于希望别人喜欢自己或让别人做决定的考虑，会觉得有义务邀请社会工作者加入，如果社会工作者不假思索地答应，就失去对这些不确定因素加以分析的机会。无论是否加入游戏，社会工作者都需要思考，这样的做法对儿童自身的成长和增进自己的专业关系有怎样的帮助。

（二）设定限制

进入游戏后，社会工作者可以用适合儿童年龄的语言介绍游戏室（游戏袋）和游戏程序。社会工作者可以说："豆豆，这是我们的游戏室（游戏口袋），现在是我们的游戏时间，你可以用你喜欢的方法玩这些玩具。"但要注意，这些话并不代表游戏毫无规则。不管哪种类型的游戏治疗模式，设定界限都是最重要的因素之一，是促进关系必不可少的要素。游戏室里的界限能够让儿童理解在家庭和现实生活中的界限，界限让儿童懂得他们可以做出选择、应当怎样做选择以及需要为选择承担的责任，并进而逐步发展自我控制的能力。

社会工作者需要事先想好基本的界限，但除非儿童确实有需要，否则不会提前告诉他们。因为在治疗服务开始前设下许多界限，会阻碍儿童游戏时的自由表达和发挥，而且提前将儿童可能的越轨行为都进行设限也是不切实际的，反而会引发部分儿童强烈的抗议，因此，在需要时设限更加可行。大多数被认可的界限包括：①儿童在游戏室或玩游戏的时间规定，通常每次45分钟；②不得故意损坏玩具；③不可以伤害自己；④不可以伤害其他人。

设置限制有三个步骤：一是承认感受（Acknowledge the Feeling），通过承认儿童的感受，并理解他们的需要，来强化"我在这里，我听到了你说的话，我了解了你的情况，我关心你"的信息。所有的感受、欲望和愿望都是可以被接纳的，但不是所有的行为都是可以接受的。二是传达限制（Communicate the Limit），简单、准确地说清楚你所设定的界限，避免与儿童争辩或发表长篇大论。三是目标替换方案（Target an Alternative），设定界限的原因是儿童选择了不适当的方法表达他们的感受，或者他们可能没有意识到还可以采用其他的表达方式，所以我们提供另一种表达方式来帮助儿童表达原本的想法。最好是使用非语言的方式向他们提供替代品，可以直接用手指向所建议的替代物品，儿童的目光会随手指的方向望去。

案例：

君君："我不喜欢这些恐龙！"（声音听起来很生气）君君捡起了一只塑料恐龙，把它扔到房间的另一个角落。接下来，君君拿起一根木头的棒槌，开始击打那只恐龙，大概击打了10下，君君再次捡起恐龙，并准备扔向玻璃窗。

社会工作者（在儿童准备扔恐龙的时候）："君君（最好是叫儿童的学名），看来你对这只恐龙很生气呢，但玩具不是用来扔的，你可以用黏土（指向黏土）做一只恐龙，然后用手粉碎它。"

在上述案例中，社会工作者首先承认君君的愤怒情绪，这有助于君君意识到自己的不良情绪以及学会用语言表达自己的愤怒情绪。其次，通过清楚地传达限制信息——"玩具不是用来扔的"，帮助君君学习游戏室的规则，并为他提供学会承担自己行为责任的机会。最后，为君君提供一种表达愤怒的替代方案，而这个方案不会对儿童、他人、游戏室或玩具造成伤害。

> **学习活动** 4-1
>
> **角色扮演**
>
> 重点提示：扮演儿童的人主要是认真听社会工作者描述的时间及其他界限内容，若当下有任何感受和想法，或好奇疑问，自发表达即可。
>
> 目标：能具体向儿童提出明确的界限要求。
>
> 模拟情境：（1）儿童看到一个很喜欢的玩具，向社会工作者索要这个玩具并想带回家；（2）社会工作者告诉儿童游戏时间还剩 5 分钟，观察儿童的反应。

（三）社会工作者的回应

由于游戏是儿童的语言，因此，社会工作者回应儿童的主要目标就是促进游戏过程的进展顺畅。在这个过程中，社会工作者的角色是陪伴者和促进者——与儿童同在，为儿童提供一个安全、可以任意展示真实自我的地方；在儿童成长和疗愈过程中起到促进作用，而不是解决他们出现的问题、给他们下达指令或向他们提问。

回应比询问更能有效地了解对方。当儿童皱着眉头、垂着头来到社会工作者的身边时，社会工作者只需要表现出感受到他们的情感就够了，社会工作者应该说："你低着头，皱着眉，似乎不太开心。"而不是询问儿童："你怎么了？为什么要皱眉头？"

回应儿童的首要目标是跟踪其游戏行为，即通过语言或非语言行为向儿童表达社会工作者对游戏的兴趣与参与意愿，回应应当体现儿童游戏的内容（游戏中可观察到的行为）以及他们的感受（活动所引发的情绪能量）。

案例：

> 君君（在游戏口袋里找到两个玩偶娃娃）："这个娃娃很胖，头发短短的，衣服又丑（很嫌弃的表情，将玩偶扔到一边，拿起另一个玩偶）。这个娃娃瘦瘦的，穿裙子很漂亮，头发又长又卷，这个娃娃更好。"
>
> 社会工作者："你更喜欢长头发且穿裙子的这个，而不是短头发的胖娃娃。"
>
> 君君："是的，有一个很丑（君君拿起短头发的娃娃到沙箱里，开始慢慢用沙

将其掩埋），我正被埋起来，很深很深（声音很低，似乎有些难过）。"

社会工作者："听起来你很伤心（伤心的语气）。"

君君："我快死了……我不知道该怎么办（娃娃掩埋结束）。"

社会工作者："你觉得很无助、伤心吗？"

君君（拿起长头发的娃娃，将它立在沙堆上，对这个玩偶说话）："我很开心，我很聪明，也很能干，我可以做好多事。我讨厌你（指向被埋的玩偶），你很糟糕、非常差。"

社会工作者："你真的很喜欢长头发、快乐、聪明的这个玩偶，讨厌另一个玩偶，你觉得另一个玩偶很差劲。"

君君："是的，它很差，就没有做过什么好事。"

社会工作者："它做错了很多事，所以你很生气。"

君君："对的，它有太多错误了，没有人喜欢它。"

社会工作者："它一定很孤单，没有人喜欢它，它可能也会很难过吧。"

君君："如果长得像它（拿起长头发玩偶），就会有很多人喜欢它。"

以上案例摘自社会工作者与服务对象的对话片段。社会工作者的回应顺应了儿童的游戏节奏，既有反映内容的部分，也有反映感受的部分，让儿童充分感受到"我在这里，我听到了你说的话，我了解了你的情况，我关心你"。

具有治疗效果的回应一定要能够促进儿童的自我引导，这种促进的回应是无条件的，是期待儿童自己做出选择和控制游戏的过程。回应是认可儿童的选择以及他们在游戏中完成任务的能力，如："在这里，你可以自己决定先玩哪个玩具。""我很愿意参加，下一步我要做些什么？"当儿童被允许做选择时，他们就能体验到做决定是怎么一回事，并接受自行抉择后的现实，这是游戏治疗中很重要的部分。

在游戏治疗的过程中，有助于提高儿童自尊意识的回应非常重要。当儿童完成某个游戏时，社会工作者要马上给予鼓励，这样的反馈会使儿童感觉很好，并产生相应的效果。但需注意，鼓励不等于表扬，表扬要聚焦于结果，要带有评价的成分。被表扬的儿童会习惯于通过他人的表扬来评价自己,而不是通过自我认知建立自信;鼓励则更看重付出的努力,重视过程而非结果。只要努力了,无论成败,都会得到鼓励。如儿童问社工:"你喜欢我搭的皇宫吗?"通常的回答是:"喜欢,搭得很棒!"但这样的回答将社工放在了评价者的位置,儿童可能会通过提出更多的问题来互动,渴望不断得到夸奖,强化对社工的依赖并引导游戏的进程。但如果社会工作者这样回答:"我看到你用了不同颜色的积木,把这里围成一个圆形场地,这是……"儿童可能就会接话说:"这里是运动场。"社会工作者:"哦,居然是运动场,你还用橙色积木做了一些(用手指向橙色部分)……"当社会工作者这样回应时,不是做出评价,而是表达对儿童游戏成果的尊重,这时绝大多数儿童不会再问是否喜欢,而会因为社会工作者对他们的作品表现出的兴趣而感到荣幸和开心。

三、游戏治疗的主题

上面介绍了对儿童在游戏中的表现行为的回应方式,即对游戏行为的回应,但这些行为的目的和意义是什么呢?这就需要社会工作者去理解游戏的主题。所谓游戏主题是指一种连贯性的比喻,从中反映出儿童对经历归因的意义,体现的是儿童的内在意义建构系统。例如,一个男孩将架子上的所有东西都扔下来之后说:"你不能让我捡任何东西,我能做任何我想做的事。"这可能是一种权利或控制主题。这个男孩也可能将所有玩具都扔在同一个地方,并且用一种惊慌的声音说:"你再也抓不到我了。"这可能体现的是保护主题。尽管从游戏行为上看,两者都带有攻击性,但是需要社会工作者去综合判断游戏行为背后的主题意义,从而更好地理解儿童。

识别游戏主题的三个要素分别是重复、强度和背景。游戏行为的重复,无论是在一次服务中反复出现,还是在多次服务中均有出现,都是儿童在重要问题上的指示器。游戏行为的重复存在两种可能:一是重复的游戏对儿童非常重要,需要长时间来处理;二是儿童意在透过游戏将自己的问题告诉社会工作者,但社会工作者却一直没有给予儿童表示理解的回应。社会工作者可记下重复的频率和游戏行为的时间长度,以此来决定治疗中的进度或变化。强度要素是儿童在游戏过程中表现出的强度等级，强度主要体现在游戏过程中儿童所花的精力和行为的专注度。儿童有时可能用沉默来表达，有时情感波动较大，这需要社会工作者来进行判断。最后一个就是背景要素，通过向儿童、儿童的父母或其他重要的亲人询问关于儿童的背景信息，会帮助社会工作者充分探索可能的主题或检测理论建构主题的可行性。

需要提醒的是，不要过度强调或解析游戏的主题，社会工作者和儿童之间的关系才是游戏治疗过程中最重要的因素。主题的识别只是为社会工作者提供一种能更充分理解儿童的方式，并且更有希望深化治疗性关系。主题虽然重要，但也可能会让社会工作者的注意力从儿童和治疗过程转移到自我思考上。关于游戏的主题以及所代表的含义，可以去学习本书参考文献中的相关资料。

学习活动 4-2

请用一周的时间观察游戏中的儿童，并填写下表。

儿童游戏观察记录表

性别		年龄		观察时长		游戏的地点	
描述儿童所进行的游戏							
观察的项目		观察内容				观察结果	
游戏中使用的材料		类型、单一、多样、重复性、年龄的适宜性					
游戏风格		私密、孤立、独立、互动、重复、僵化、自发					
注意力方面的技能		参与、集中、专心、持续					
情感		焦虑、放松，行动、情感与言语的一致性					
发展性技能		大运动和精细运动的能力、协调性、语言技巧					
行为		模式、年龄适宜性、攻击、退缩					
互动风格		包容、排他、畅谈、界限、年龄适宜性					

续表

观察的项目	观察内容	观察结果
主题	权利、控制、愤怒、悲伤、信任关系安全、放弃拒绝不安全、养育、独立、边界、入侵、违反、保护、自尊、授权、恐惧、焦虑、自我认同、自我混乱、忠诚、背叛、丧失、死亡、冲突、挣扎、接受、否认、绝望、无助、有自杀倾向、调整、改变、希望、未来……	
解决方法、应对策略	存在，单独，多样，解决与重建	
信息	在游戏过程中儿童想努力传达什么样的信息	

第五章　与家庭一起工作

◆ **本章要点**

- 家庭是儿童社会工作中最重要的系统，家长是儿童社会工作中最重要的合作伙伴。
- 家庭功能和教养方式比家庭结构更加重要。
- 家长首先是"人"，其次才是父母。接纳家长作为"人"的需求和困境，才更容易与他们携手合作，从而回应儿童的需求和解决儿童的困境。

家庭是由婚姻关系、血缘关系所建立的社会基本单位，是社会的细胞。家庭是个人生活和成长最重要的地方。人们生活在家庭里的时间往往比在其他任何场所都要长久，与家人所建立的情感联系也最持久，父母对子女的控制也最深广；在行为、态度和价值上，个体都深深受到家庭的影响。家庭更是个人的避风港，人生最大的快乐和最深的满足，最强烈的进取心和内心最深处的宁静感，多半来自充满爱的家庭。每个人都需要来自家庭的庇护和支持，一个温暖、亲密又健康的家庭对儿童的成长尤为重要。

本章将首先从家庭结构、家庭功能和家庭教养方式三个方面探讨家庭对儿童健康成长的影响，其次将介绍社会工作者如何与儿童的父母（监护人）开展工作，提高父母（监护人）与儿童相处的能力，从而改善家庭环境。

第一节 儿童与家庭

如前所述,家庭能够为儿童提供健康成长和发展积极社会功能的环境,但也可能会是儿童面临情感与生理支持匮乏,或没有机会以有意义的方式发展的环境。

从一般意义上说,儿童有八大需求:①获得基本的生活照顾,家庭和社会要提供儿童成长过程中所需要的基本生活和养育条件;②获得健康照顾,即适当的身心医疗照顾和预防保健服务;③获得良好的家庭生活环境,家庭环境尤为重要,应该为儿童的成长提供良好的管教环境;④满足学习的要求,即为儿童提供不同的教育支持;⑤满足休闲和娱乐的需求,即提供足够的休闲娱乐场所和设备,并教导其形成良好的娱乐态度和习惯;⑥拥有社会生活能力,即要培养儿童正确的价值观和独立生活的能力;⑦获得心理发展,协助儿童培养自我认同和自我成长的能力;⑧免于被剥削伤害的需求,要保障儿童免受伤害。陆士桢教授认为,要从儿童的发展需求来看待他们的自我成长,要从他们的需求出发,为儿童健康成长提供良好的家庭和社会环境。

社会工作者能够正确认识儿童与家庭的关系,了解家庭因素对儿童健康成长的影响是非常重要的议题。

一、儿童与家庭结构

家庭结构是指家庭的构成状况,它是由家庭成员相互作用和相互联系所组成的稳定的整体性关系模式和维系机制。家庭结构体现了家庭内部关系的联系和作用,表现了家庭的存在方式。

费孝通先生以"有无夫妇所形成的核心,以及有多少个这样的核心"为标准,将中国的家庭结构分为四类:其一是由一对夫妻和其未婚子女构成的生活单位,即核心家庭;其二是不完整的核心家庭,指核心家庭中原有配偶一方死亡或离去,或是父母双亡;其三是核心家庭之外还包括其他成员,这些成员都是不能独自生活的人,他们大多是配偶死亡后独自与子女生活在一起的鳏夫或寡妇,也可能是关系较远的亲属,甚至没有亲属关系的人;其四是联合家庭,就是儿女成婚后继续和父母在一起生活,即两代重叠的大家庭。

2000年以来,受老龄化、低生育率、人口流迁、性别失衡等人口形势的综合影响,中国家庭人口变得越来越少,家庭结构的完整性、风险共担机制等均受到不同程度的影响。根据王跃生在2013年对家庭结构的分类和统计,以1982—2010年人口普查数据为依据,可将家庭结构基本划分为核心家庭、直系家庭、复合家庭、单人户、残缺家庭及其他。核心家庭、直系家庭和单人户是中国家庭户的三种基本类型,98%以上的家庭户可归入其中。[①]

尽管家庭结构随着社会的发展出现了变化,但越来越多的研究表明,影响儿童成长的不是家庭结构本身,而是家庭内部成员间的互动关系。单亲家庭所形成的环境只是影响儿童健康成长的一个重要因素,这个因素产生何种作用,导致何种结果,主要取决于家长和孩子的互动关系。曾华源教授曾指出:"父母离婚对儿童而言可能是一种意外性危机,也可能是创伤的经验,还可能是一次催化心智发展的机会,这要由家庭功能的正常运作、家庭成员间的凝聚力及亲和关系来决定。如果在离异家庭中,亲职关系良好,儿童可能会更独立,更有责任感。

二、儿童与家庭功能

从不同的维度出发,对家庭功能的含义会有不同的理解,其中影响最大的是环状模式理论。这一理论认为,家庭功能是家庭系统中家庭成员的情感联系、家庭规则、家庭沟通以及应对外部事件的有效性,它包括家庭亲密度、家庭适应性和家庭沟通三个维度,该理论认为亲密性过高或过低都不利于家庭功能的发挥。McMaster的家庭功能模式理论也值得注意,该理论认为,家庭基本功能为家庭成员的生理、心理、社会等方

---

① 王跃生:《中国城乡家庭结构变动分析——基于2010年人口普查数据》,《中国社会科学》2013年第12期。

面的健康发展提供了一定的环境条件，家庭实现其基本功能、完成其基本任务的能力，主要表现在问题解决能力、沟通能力、家庭角色分工、情感反应能力、情感介入程度、行为控制这六个方面。

大量研究证明，家庭功能不良会导致儿童出现更多外显和内隐问题，特别是在亲密度和适应性方面表现极端的家庭（亲密度极度匮乏、家庭角色混乱、无稳定家庭规则），特别容易出现家庭成员离家出走或患身心疾病、子女行为不轨等适应不良现象。

有关专家通过对2000余名未成年违法犯罪人员和1000余名普通未成年人的调查资料进行对比分析后认为，家庭教育功能的缺失比家庭结构不完整对未成年人的影响更大。家庭功能失灵，特别是家庭教育功能的弱化会直接影响儿童的健康成长。

在许多家长心中，家庭教育被狭隘地理解为仅仅是智育，这使得家庭教育的功能大大弱化，尤其表现为家庭教育中应有的德育职能被智育和其他一些功利性较强的教育职能所代替。部分家长对子女的学习情况了如指掌，但对子女的成长动向、心理健康水平等却不清楚、不了解或没有注意；对学习的过分强调也会给儿童造成很大压力，从而使儿童产生其他心理问题，进而导致行为偏差。

造成家庭教育功能缺失的原因主要有三类：首先是环境缺陷。有的父母将全部精力用于生活，即主要用于改善家庭的基础条件，应对家庭的经济压力，因而没有多余的时间和精力去教育孩子。部分家长由于工作原因而无法教育孩子，只能满足孩子的生活需要，就如"陪伴你就养不起你，养得起你就陪不了你"所描述的社会现状。其次是父母能力缺陷造成的教育功能缺失。部分父母之所以缺少对孩子的教育，主要是因为他们缺乏教育孩子的能力，即便他们有这方面的愿望，但是无法付诸实践，如父母的文化水平低，或有生理缺陷等，都可能造成这样的结果。最后，部分父母主观上推卸对孩子的教育责任。他们认为，养育孩子是他们的责任，而教育孩子则是学校的任务。在实际生活中，这类父母将注意力集中在孩子的生活条件上，却很少关心孩子的心理发展，也很少考虑教育孩子的方式是否恰当，甚至有的父母"管生不管养"，完全忽视孩子的养育和教育问题。

除了教育功能外，家庭的情感功能也关乎儿童的身心健康，如本书第二章中所提到的儿童伤害中的情感忽视。长期的情感忽视，很容易导致儿童抑郁、焦虑等心理问题。

三、儿童与家庭教养方式

教养方式是指父母对子女抚养教育过程中通常使用的方法和形式，是父母各种教养行为的特征的概括，是一种具有相对稳定性的行为风格，通常在父母和子女交往的过程中形成和发展。

学习活动 5-1

小亚在没人的时候悄悄走进哥哥的房间，那里藏着哥哥的好朋友送的精致的巧克力。当他拿起装有巧克力的罐子时，妈妈走进房间，立刻明白了情况。如果你是小亚的妈妈，你认为下列反应中哪一个是最合理的？为什么？

1. 告诉小亚，他必须立刻回到自己的房间待上一天，并且他将失去最喜欢的毯子（他每天睡觉都要抱着的毯子）。
2. 温和地告诉小亚，他的行为是不对的，以后不应该再犯。
3. 让小亚知道他这样做会令哥哥难过，并罚他待在房间里1小时。
4. 忽略这件事，让孩子自己解决。

这四种反应分别反映了由戴安娜·鲍姆林德（Diana Baumrind）定义并经埃莉诺·麦科比（Eleanor Maccoby）修正的主要家庭教养方式，即专制型、溺爱型、权威性和忽视型。具体内容如表5-1所示。

表 5-1 四种家庭教养方式

家庭教养类型	父母的要求性		父母的回应性		具体描述
	有要求	没有要求	高回应性	低回应性	
权威型	★		★		特点：严格地对孩子设定清晰一致的限制与孩子的关系：尽管像专制型父母般严格，但是他们深爱着孩子，会鼓励孩子独立，并给予孩子情感支持；他们尝试与孩子讲道理，解释为什么孩子应该按照特定的方式做事，告诉孩子他们为什么要接受惩罚
溺爱型		★	★		特点：为孩子提供不严格、不一致的反馈与孩子的关系：他们不觉得自己对于孩子的未来负有责任；尽管他们很少或几乎不干预孩子的行为，但会温暖地对待孩子
专制型	★			★	特点：控制、惩罚、严格、冷漠与孩子的关系：他们的话就是法则，他们要求孩子无条件地严格服从他们的价值观，不允许孩子表达不同意见
忽视型		★		★	特点：表现出漠不关心和拒绝的行为与孩子的关系：他们与孩子的感情疏远，认为自己对孩子的职责不过是"给饭吃、给衣穿、给地方住"；在极端情况下，忽视型父母会导致情感忽视、心理虐待等问题的产生

父母的要求性是指父母对儿童的成熟与合理行为的期望和要求程度，父母的回应性是指父母以接受、支持的方式对儿童的需要做出反应的程度。权威型父母的孩子表现最好，他们多表现为独立、友善、自信，有合作精神。他们追求成就的动机很强，也常获得成功并受到他人喜爱，有更好的自我调节能力，在逆境面前能更好地保护自己。专制型父母的孩子性格内向，社交技能差。他们不是非常友好，在同伴中经常表现得不自

在，女孩通常特别依赖父母，男孩往往表现出更多的敌意。溺爱型父母的孩子倾向于依赖他人，社交技能和自我控制能力较差。忽视型父母的孩子表现最差，父母投入过少的时间和精力使得孩子在情绪发展方面较为混乱，他们感受不到爱，甚至遭受情感上的疏离，身体和认知方面的发展受阻。

了解不同的教养方式非常有用，但教养方式不是教养成功的秘诀，教养和成长都是非常复杂的！不同的家庭教养方式会对儿童产生不同的影响，同一种教养方式对不同个性的儿童引起的反应也可能是各式各样的。比如，在多子女家庭中，同样面对专制型的家长，有的孩子可能表现出倔强的、怀有敌意的"对抗"；有的孩子可能将顺从作为对家长权威的"补充"；有的孩子可能把长期的压制转化为极度的自卑；有的孩子也可能表现为满不在乎以求"解脱"，或者装出讨人喜欢、受宠的样子来自我"保护"……社会工作者不能仅仅依据儿童的表面行为来评价某种教养方式的实际效果，而且大部分父母的教养方式并非完全不变，也会在不同的情境下有所变化，这也给社会工作者介入的空间和可能。当社会工作者在探讨一个家庭中家长的情感与儿童发展结果的关系时，务必记住家庭环境对每个儿童来说不是一成不变的。

第二节 家长的个案服务

本书第一章已提到，儿童社会工作的服务对象不仅仅是儿童，还包括与儿童相关的人、人群和环境。在实际工作中，与家长（包括父母/监护人/主要照顾者）工作是儿童服务中面临最大挑战的部分。然而，为了促进与儿童的工作，社会工作者又必须与他们的家长建立积极、共同的关系。当家长在服务过程中感到不满意的时候，他们一般会离开，结束服务。不管这样的做法是否正确，这是法律赋予家长的权利。所以，社会工作者要尊重家长的法律权利，用创新的方法使家长参与其中，这样才能继续做好儿童服务工作。

将家长纳入儿童服务中有很大的好处，这是因为家长是儿童首要的照顾者，他们是儿童生命中最重要的人，他们缺席或参与儿童的生活对儿童的发展和情绪稳定都有重要的影响。社会工作者通过以下方式能有效提高儿童的福祉：加强家长与儿童的关系；教授家长新技能，并由家长应用这些技能，为家长提供情感支持，使他们感觉更好，从而能给予儿童更多的情感支持；其他各种促进因素。

一、与家长成功建立关系的态度

社会工作者的目标是与儿童父母建立积极关系。在积极关系中，当父母感觉被接纳、被理解并感到安全时，他们将会变得更加开明，主动学习新技能并改变育儿风格。以下列举的态度是社会工作者在建立工作关系中必须具备的。然而，应注意的是，有时候社会工作者可能被迫扮演限制父母与儿童之间关系的角色，尤其是当儿童处在危险中的时候。

1. 尊重父母角色。如果社会工作者承认父母的角色在儿童生命中是最重要的，那么与家长建立关系的过程将会更加顺畅。尽管社会工作者有很多技能要提供给儿童，但是在儿童整体的发展中，父母提供的方法更重要。

2. 尊重父母对儿童的了解。即使是最疏忽的父母，也常常能够通过他们了解到儿童私人的信息和儿童的发展状况，以此来增强社会工作服务的有效性。在服务中，社会工作者可能是面向所有儿童的专家，但是父母却是儿童个体的专家。父母会提供真实信息，例如儿童在各个阶段的发展情况和儿童面临的家庭干扰情况；他们也提供自己的理解，例如儿童与其他成年人之间的关系和儿童早期的人格特点。收集这些信息能够帮助社会工作者进行儿童服务的指导工作，也有利于详细说明促进成长的系统干预。

3. 尊重父母作为"人"的情感。在与经历过创伤性抚养或缺少父母关爱的儿童工作时，社会工作者可能会经常听不到儿童提及父母给予的正面照顾和养育。社会工作者经常在对家长的愤怒和挫败感中挣扎，认为这些家长伤害了他们的孩子。然而，如果社会工作者能克服这种情绪，并且致力于真正关心儿童的家长，社会工作服务的效率将会更高。正如基础咨询课程所教授的，当人们感受到被关心和安全时，他们才会更愿意敞开心扉。

4. 耐心。当社会工作者保持耐心的态度时，父母与社会工作者之间的关系会被强化。社会工作者可能期盼通过即时地授予技能和解决问题带来快速的系统改变。然而，工作时与父母保持相同的步调是最有效的。在父母感到足够安全且想着改变、前进之前，一些父母需要多次接受咨询服务。一些父母渴望快速解决问题，并且强制社会工作者快速回应。在这种情况下，社会工作者可以通过反馈和处理父母的挫折感来与父母建立关系，从而进行有效回应。教授技能和培养技能在安全关系的背景下是最有效的。

5. 重点是要将儿童作为来访者来对待。在本书介绍的社会服务中，儿童是游戏治疗中的来访者，父母是系统的参与者，这与把整个家庭看作是来访者的理论是截然不同的。在咨询服务中，社会工作者将儿童定义为来访者，社会工作者和父母之间的所有互动，其目的都是有利于儿童成长的。在实务经验中，咨询关系的一种结果是父母感觉被支持和被理解，这使他们带着关于育儿和自我概念问题的情感参与其中。[1]

二、家长个案服务的过程

为了提供情感支持、教授知识或技能和督导过程，在整个服务中要求社会工作者与家长保持稳定的联系，最理想的联系频率是每3—5次儿童个案服务后进行一次家长个案服务。如果儿童或家长处于紧急情境中并且需要更多的支持时，联系频率可以适当增加。但要提防家长超过5周都没有和社会工作者联系的现象，因为间隔时间太长之后，家长可能无法进入个案服务过程。

一般来说，一次家长个案服务的时间为30—50分钟，决定家长咨询时长最关键的因素是与儿童个案服务之间的冲突。从实践经验来看，社会工作者常将家长个案服务放在儿童个案服务之前或之后，并且让儿童也参与，这样可以节省家长的时间，而且家长只需要参加一次，家长的配合度也会更高。但这样操作时，儿童的服务时间就会被占用。最佳的方案是将儿童和家长个案服务的时间分开，并且家长个案服务中没有儿童的

---

[1] 迪伊·C.雷：《高级游戏治疗》，雷秀雅、李璐译，重庆大学出版社，2017，第141—143页。

参与，这会让家长的注意力更集中。

为了儿童的健康成长，社会工作者通常会将儿童的所有主要照顾者都纳入服务中，这包括儿童的父母、祖父母或其他人（如保姆）。我们的目标在于与这些和儿童共度大部分时间的成年人一起参与辅导过程，因此，参与组合可能各不相同，可能是父母双方、单亲父亲、爷爷奶奶，或者所有照顾者一同参与。

还需要特别说明的是，年幼的儿童一般不参与家长的个案服务，因为成年人的服务是以语言为基础的，并且让一个3—6岁的儿童安静地坐着听他人讨论自己是不合适的。当儿童长大一点时，社会工作者可以考虑让儿童参与家长个案服务，特别是参与家庭问题解决或家庭治疗活动。社会工作者也要充分考虑家长与儿童有效沟通的能力，如果家长与儿童沟通的方法是对儿童的消极打击，那么社会工作者需要考虑在儿童参与前，通过个案服务帮助家长提升沟通技巧。

（一）第一次的家长个案服务

第一次家长个案服务的主要目的是与家长建立关系，这样家长才会持续陪伴儿童参与服务。社会工作者致力于配合家长建立安全的积极关系。第一次家长个案服务的时间比较长，至少1小时，但最好不超过2小时，时长往往根据个案的深度决定。第一次个案服务的重点是收集发展历史信息、倾听和理解父母的担忧、定义和解释儿童个案服务，因此，儿童并不参加第一次家长个案服务。

1. 发展历史。本书第四章中提到，社会工作者在儿童游戏治疗之前，需要通过家长了解儿童的成长经历，包括儿童各阶段发展的详细信息，如妊娠期和出生、走路、说话、运动技能、人际关系建立等基本情况。表5-1是一个较全面的儿童发展问卷表，不过这仅仅是一个框架，并不代表包含全部因素。社会工作者必须在服务过程中保持足够的敏感度，注意到儿童、家长在发展过程中的细节和家长传递信息背后的内容。

表 5-1　儿童发展问卷（家长篇）表

1. 请用几句话描述一下孩子（整体描述）。
2. 孩子的强项是什么？
3. 是否有计划地妊娠？妊娠期间是否使用过药物？
4. 在受孕和分娩期间是否有任何并发症？
5. 分娩是否如预期那样发生？准时、延迟还是提前？
6. 孩子出生后在医院待了多长时间？
7. 孩子出生时多重？多高？
8. 孩子的新生儿评分是多少？
9. 分娩后是否有并发症？
10. 婴儿期是否有抚养困难？
11. 孩子在婴儿期的睡眠质量好吗？现在睡眠状况如何？
12. 照料者在整个婴儿期是否感觉与孩子联络在一起？
13. 孩子在整个婴儿期的性格是什么样的？
14. 孩子在童年早期与谁交往？或者与谁在一起的时间最长？
15. 与孩子是否有过破裂关系？
16. 描述照顾者与孩子的关系。
17. 描述兄弟姐妹与孩子的关系。
18. 是否注意到孩子的发展发育与其他孩子之间有什么差异？
19. 孩子什么时候能坐起来？
20. 孩子什么时候开始走路？
21. 孩子什么时候开始说话？
22. 孩子什么时候进行如厕训练？描述这个过程。
23. 儿童目前是否经历任何如厕混乱过程？
24. 孩子若超过 3 岁：
（1）孩子是否认识数字或文字？
（2）孩子是否知道如何阅读？
（3）儿童阅读处于什么水平？
（4）阅读是否有混乱？
（5）儿童会书写吗？
（6）书写是否有混乱？
（7）儿童运动情况如何？是否参与运动？
25. 如果孩子上学了：
（1）孩子如何与权威人士相处，例如老师？
（2）孩子在学校里发展如何？

> （3）孩子有朋友吗？几个？他们的关系像什么？
> （4）目前孩子在日常生活中与谁交往？描述这些关系。
> （5）孩子用多长时间度过童年期？描述这种过程。
> （6）孩子在几所学校上过学？描述每次转变的基本情况。
> （7）孩子是否经历过任何重要家庭成员、朋友或宠物、安慰物的丧失？

2. 家长的担忧。社会工作者应特别关注家长对儿童的担心，这些担忧可能在社会工作者梳理儿童发展历程的过程中逐渐显露。社会工作者需要询问父母，是否还有进一步的顾虑或担忧。为了更清晰地了解家长的担忧，另一个有益的做法是，询问家长希望在个案服务过程中看到什么样的结果。在向家长介绍个案服务之前，澄清家长的期待是一个特别重要的步骤。当向家长介绍服务过程时，社会工作者就可以澄清这些期待。

通常，家长的担忧并不能与儿童的担忧相匹配。在个案服务过程中，家长希望看到儿童的哪些方面有所不同以及儿童想要在哪些方面努力，这之间的不匹配需要社会工作者以一种综合的方式进行概念化，并将其作为对家长服务的一部分内容。这时候的关键点是，社会工作者应该强烈地意识到家长的期待，从个案服务开始到有效关系建立期间，需持续关注家长的这种期待。

3. 定义和解释儿童服务。家长第一次了解儿童服务，可能持怀疑态度，并且不确定这个过程是怎样的。社会工作者需要提供信息来解释儿童服务的过程，以及解释如何工作和如何满足儿童的需要。社会工作者可以提前准备两三句话的概念定义，但要注意调整这个定义以适合不同的服务对象。比如，有的家长会关注儿童的行为、成就或自信心，有的家长会关注儿童的情绪，此外，家长的教育水平也有所不同，所以定义和解释并不能千篇一律。

学习活动 5-2

假设此刻你正面对一个 6 岁男童的父母，他们向你表达担心儿子对家庭成员的攻击和不尊重。他们描述儿子"失去控制""很少关心他人的感受"以及"从来没有责任感"。经过综合分析，你决定用游戏治疗进行儿童社会服务，但也需要每隔 3—5 次游戏治疗后进行一次家长的个案辅导。

现在你需要向家长描述游戏治疗以及它如何帮助到孩子,也需要告诉家长在这个过程中需要他们如何参与。将你准备的材料说给你的小组成员或老师听,让他们来帮助你修正并完善。

另外,你需要在第一次家长个案服务过程中解释儿童服务中的争议部分,包括保密、家长一致性和可能遇到的挑战。

4. 保密。如本书前面所强调的,儿童也享有合法的、符合伦理的保密权利。关于儿童保密的概念,特别是年幼儿童,家长在理解上可能会有困难。通常情况下,儿童心理健康的保密工作应由家长负责,但是在儿童社会工作伦理规则下,为儿童服务的社会工作者被要求为了儿童的最大利益而保密,即服务过程中儿童的言语和非言语表达会被保密,除非社会工作者认为,如果不把儿童表达的内容透露给权威人士或家长将会对儿童有害。保密的清晰限制是要将对自我或他人的伤害,或者法律要求的信息描述出来,但在实际生活中,保密的边界并没有那么清晰,这就要求社会工作者与督导共同决定,向家长共享信息是否有利于儿童。

5. 家长的一致性。家长的一致性,指家长在儿童参与整个个案服务过程中保持一致的态度和行为。

6. 过程中可能遇到的挑战。在儿童服务过程中有一个可能的结果,对社会工作者而言非常重要,即不被家长理解,事情可能在它变好之前会先变坏。儿童刚开始不理解消极情绪或问题行为的本质,在儿童学会如何聚焦能量于一个具体的问题和关系之前,他们可能在个案服务这样一种接纳性的治疗环境中的最初反应是任意表达。而这个挑战是需要向家长说明的,如果家长不能获得这些信息,儿童在2—4次游戏治疗后出现强烈的消极情绪,并且会对家长或靠近他们的人宣泄,家长很可能会担心游戏治疗使儿童变得更糟,从而终止服务。

总之,在社会工作者对家长进行的第一次个案服务中,所有的信息在最终要达成关系标准一致的背景下相互交换。需要注意的是,社会工作者不要因为被家长强烈要求就提供建议或进行家长教育。原因有二：一是社会工作者与家长的关系尚未全面构建；二是大量的信息被分享，却未被整理。因此，社会工作者可采取的做法是："我知道你现在不知所措，我向你承诺，在接下来的几周时间里，我们会解决所有的这些担心。然而现在，如果不能见到他（儿童本人），我能够给你提供的帮助非常有限。我知道这很难，但是我希望你能够再多等几周，之后我们再讨论一些像这样的具体情况。"

（二）持续不断的家长个案服务

第一次家长个案服务有相当一致的结构，此后的服务就更复杂，因为每个家长都呈现出不同的担忧，所以没有一个框架是适合所有个案的，每一个个案都需要量身定做，但仍可以提供一些有效的参考要素。

1. 担忧清单。第一次见面后，社会工作者向家长澄清关于儿童和服务期待的担忧，这个清单对于后面的服务设计是有帮助的。通过与家长的合作，社会工作者应该优先考虑那些对家长而言最担忧的问题。收集并整理家长的担忧清单，是社会工作者与家长之间必须设置的程序，这会为家长咨询提供一个框架。

2. 及时记录。在持续不断的家长咨询中，社会工作者要记录家长与儿童之间的交流进度情况。一个典型的提问："我们上次见面之后，事情的进展如何？"记住儿童才是服务对象，要询问一些与儿童有关的事情，即社会工作者关注的是儿童以及父母与儿童的关系。

3. 告知家长儿童在服务中的进展。社会工作者这样做的目的是，分享与儿童进行个案服务时所获得的信息，这对家长理解儿童是有帮助的。

4. 一次只教一种技能。有一种常见的说法是："父母是唯一不需要岗前培训就能上岗的角色。"任何人都可以做父母，但并不是每个人都能胜任父母这一角色。家长总是缺少与孩子建立积极关系的必要技能，因此，社会工作者需要抓住这个机会教授家长基本的育儿沟通技能。社会工作者教授沟通技能时应该像盖楼房一样逐步教他们改善与孩子之间的关系，教授这些技能的最终目的是，减少儿童的行为问题、建立家长与孩子之间的积极关系。

5. 技能清单。有一些有利于家长提升育儿的技能，家长学习这些技能的目的是增强对孩子的敏感性和觉察力。

上述所列举的参与要素并不详尽，具体内容可以参考与亲职教育相关的书籍。其他的相关技能还有积极倾听、界限设定、自尊建立和鼓励、沟通的循环、问题解决方法、游戏时间、角色扮演或练习等。

除了家长个案服务外，社会工作者还可以选用家长小组的方式与家长交流。小组的活跃气氛是任何方式都替代不了的，而且家长小组可以让参与者意识到，其他家长也面临着同样的问题，这会令他们得到一些安慰。小组的人数最好是6—8人，即6—8名单独的父亲或母亲，也可以是3—4对夫妻。此外，还可以采用混搭的形式，其他主要照顾者如祖父母也可以参加。

学习活动 5-3

实践作业

1. 访谈10名不同年龄段儿童的家长，收集他们的担忧清单，并进行归类分析。
2. 对一名家长进行访谈，完成表5-1中的问题。

第六章　儿童小组服务

◆ **本章要点**

- 儿童的小组工作是以儿童为对象，运用小组动力程序与小组活动过程设计技术，使小组中的儿童达到社会性发展、行为的改变。
- 并不是每一个儿童都适合在小组中接受服务。
- "社交渴望"在某种程度上能增强小组服务的效果。
- 儿童小组服务的设计需要符合儿童发展阶段的特征。

儿童小组服务是指在社会工作者的协助下，将具有相同问题或共同目标的儿童组成小组，开展有目的的小组活动，并在这一过程中形成良性互动机制，通过活动启发和组员间经验交流、相互支持，帮助儿童获得小组经验，改变思考和行为模式，实现小组成员的个人潜力开发和共同成长。现实中，一部分社会工作者认为，小组服务是最容易开展的服务，同时也是儿童参与度最高的儿童服务，而且对社会工作者的专业要求没有个案服务那么高，并且很容易掌握。但事实真的是这样吗？在学习本章之前，请先尝试和同学讨论学习活动 6-1 中的问题。

学习活动 6-1

社区"儿童之家"在寒暑假常常开展书法小组、绘画小组、手工小组、舞蹈小组等服务活动，这些小组活动的主要负责人一般是社会工作者或有特长的志愿者。请思考：社会工作者和志愿者去开展这些活动会有哪些异同？

儿童小组服务要求社会工作者具备丰富的经验和技巧。社会工作者在儿童个案服务中能够自由控制很多可变的治疗程序和环境，并决定如何回应每个儿童。互相影响经常是可以预测的，因为社会工作者可以预料到儿童可能会如何接受每个回应。然而，儿童小组服务要求社会工作者接受人与人之间联系的必然性，这是社会工作者无法控制的因素。小组服务不仅需要社会工作者在服务过程中展现专业技能，而且需要其在互相交流中表现出对组员的认可和接纳。小组服务为儿童提供了积极和消极的相互影响和具有挑战性的环境，并且可以为不同的儿童提供不同的服务方案，这比个案服务需要更多的技巧。同时，社会工作者的信心有时会受到小组中发生的事情的影响，也有可能会感觉失控，无力对组员做出回应。面对这些挑战，社会工作者需要正视小组服务的价值，看到小组服务对儿童发展的成效。

第一节 儿童小组服务的基本知识

一、小组服务的价值

尽管小组服务并非对所有儿童都有效，但对一些儿童来说也能有效地提升他们的生活技能。以下是一些相关的观点。

● 儿童的舒适水平：在新的环境中，因为有其他儿童的存在，每个儿童与成年人互动的焦虑感都会降低。由于有其他儿童的参与，儿童进入小组互动环境时会更加舒适。

● 儿童的参与感：当儿童在互相观察和互动时，他们会觉得自己的行为是被允许的，而这种想法可能会加快儿童的投入进程，增进服务效果。

● 替代和情感宣泄：通过观察小组中其他成员的行为和情绪表达，儿童从中学习应对行为和解决问题的技能以及自我表达的方式。当儿童看到其他成员敢于参加自己感到畏惧或紧张的活动时，他们常常就会获得尝试的勇气。

●间接和直接学习：通过体验小组服务，参与者从相互学习中受益。在小组中，儿童学会了为实现个体或团体目标而群策群力解决问题，也学会了此前希望从其他儿童那里学到的技能……这些在小组中获得的新技能，可以随着学习经验的积累转移到现实生活中。

●社会工作者观察的机会：通常在个案服务中，社会工作者只能观察到儿童在过程中的表现，父母对儿童的记录往往集中在社会技能的缺失对儿童在家庭、学校等地的消极影响。然而，小组服务可以使社会工作者整体地看到不同环境影响下的儿童。

●真实尝试和限制设定：小组服务建构了一个微型社会，这需要有合作的技能。通过小组服务，当消极体验出现时，儿童可以在安全的环境下尝试使用新方法解决问题。

●积极的相互影响：小组服务为儿童体验积极的相互影响提供了环境。在操场上，儿童可能在追逐打闹时从消极的相互影响中走出来。在社会工作者的帮助和小组服务的设置要求下，儿童保持与自己身体和心灵上的联结，可以了解自己面临危险时的感觉和反应，还可以知道他人的想法。觉察到相互影响的联系可能会增加儿童的积极经验。

二、小组成员的选择

小组服务有许多好处，但并非所有儿童都适合参与小组模式。有一些儿童表现出的个性和行为特点显然并不适合小组服务，例如极端的攻击性。此外，有一些儿童与其他同龄人相比，其外部生活经历更加丰富，而且他们会利用小组服务过程来宣扬这些经历，例如流浪、性侵犯等，这会引起其他儿童从未有过的焦虑。因此，必须有一套适合所有成员的标准。在小组服务活动前，社会工作者要对所有的潜在小组成员进行评估，如果某个儿童没有关于社交及其所接纳的人际关系的意识，那也就意味着小组的服务模式于他而言很少会有效果。斯莱文森和施弗尔把这个标准叫作"社交渴望"，即一个人渴望通过行为举止、穿着打扮、言行一致来获得同龄人的认可，获得并保持在团体中的地位。为了回馈大家的认可，儿童会改变行为。社会工作者可以通过以下问题来了解儿童社交渴望的程度。

- 儿童关注其他儿童仪表的程度如何？
- 儿童关注其他儿童行为的程度如何？
- 儿童与其他儿童相互影响到何种程度？
- 儿童会改变自己的行为以获得其他儿童的注意到何种程度？
- 儿童会改变自己的行为以与其他儿童相互影响到何种程度？
- 儿童会改变自己的行为到何种程度以获得其他儿童的认可？

如果这些问题的答案都是"很大程度"，那么这个儿童表现出的社交渴望证明了小组模式的效果。

但是，如果儿童不适应小组规则，以至于他们很难准确、快速地识别规则，那么这些儿童是否也被认为不适合参加小组服务呢？恰恰相反，社会工作者应考虑做出适当的改变使儿童适应小组服务。确定小组最有效的方法是在个体独立阶段让儿童优先做出决定。接下来的问题是决定儿童进入小组时，需要考虑的因素，即年龄、攻击性、依恋性、社交和关系问题，以及儿童所面临的困境。

1. 年龄

对于儿童处于什么年龄才适合干预，许多人持有不同意见。小时候，儿童不太可能表现出社交渴望，特别是他们还不太可能了解其他儿童。儿童发展的标志是儿童从最初观察周围他人，转移到观察其他儿童的行为，再发展到产生与其他儿童玩耍的欲望，最后发展为根据他人行为进行改变。通常，年幼的儿童根本就不会注意到其他儿童的行为或存在。其实并没有确定什么年龄的儿童更适合小组服务，当然大家熟知的学龄期和青春期的儿童更容易有社交渴望，因而社会工作者也更容易去开展小组服务活动，但这并不代表学龄前期的儿童就不适合小组服务，这需要社会工作者根据儿童不同年龄的发展特征来设计相应的小组内容。

2. 攻击性

大家普遍的共识是具有攻击性的儿童不适合小组服务，但真的是这样吗？儿童出现攻击性行为，是因为有促成这种行为的背景条件。具有攻击性的儿童是可以在小组交往中有所收获和成长的，但需要社会工作者在小组开始前进行适当的评估。

● 儿童和谁在一起时，会表现出典型的攻击性行为？

● 典型的攻击性行为的自然表现是什么？儿童扔东西、自残或伤害他人？

● 儿童的攻击性达到了什么程度？（例如攻击他人并逃跑、掐其他儿童的脖子直到被阻止、用硬物敲击其他儿童）

● 儿童在什么情况下会表现出攻击性行为？儿童变得有攻击性是为了满足他的需要，还是为了免除权威威胁？是自然的还是无缘无故的？

在儿童交朋友和维系友谊方面，小组服务中的互相影响能帮助儿童学习到某些必备的社交技能。如果一个儿童有严重暴力倾向并曾经严重伤害过他人，那么他可能并不适合参与小组服务活动，这样的儿童需要从个案服务开始。如果一个儿童因为没有朋友而对父母表现出攻击性，他可能会成为小组服务的好的参与者，因为儿童在与父母的互动中表现出对权力和权威的需要。

3. 依恋

最开始，典型的因童年创伤或忽视而被影响的儿童会被认为缺少依恋，他们并不适合参加小组服务活动。这些儿童需要从与成人的依恋关系中受益，希望通过长期的关系来消除童年创伤，并且学习如何与一个特定的成年人发展牢固的关系。把有依赖性的儿童放到小组中，必定会引起儿童的巨大焦虑，因为儿童在努力营造的安全环境中可能会被回应、被关注或被攻击，所以小组服务可能会加深儿童的不信任感。这些儿童在个案服务中与成年人建立联系后，小组服务才能够提供环境协助他们将这种联系延伸到其他儿童身上，并且练习曾经被忽视的技能。

4. 社交和关系问题

学界普遍认为，小组服务对那些正在经历社交恐惧的儿童是最合适的，没有朋友或与同龄人有冲突的儿童是小组服务的首选参与者。尤其是当儿童逐渐长大，同龄人的影响变得更为重要时，儿童结交朋友和维持友谊的能力对日常发展变得至关重要。小组服务为儿童提供了一种环境，儿童在此可以从相互联系中自然地练习社交技能。在社会工作者的参与和促进下，小组中的儿童学到了如何互相观察，知道其他儿童的需要、感觉、想法会以什么样的方式表现出来，并且能够促进彼此的交流。

5. 儿童所面临的困境

遭受严重暴力、虐待的儿童需要先在成年人提供的一致的、治疗性的安全环境中疗愈，与同龄人相互交流的过程可能会扰乱他们，并使他们不敢完全表达。此外，被侵害过的儿童拥有关于暴力和侵害的知识远远超过大多数同龄人，分享这样的经历或内容会造成其他成员的不安感或焦虑感。但是当这些儿童所面临的困境在个案服务中得到解决后，他们就可以在小组服务中实现与同龄人交流和获得支持的目的。

三、小组的构成

当社会工作者决定让儿童参加小组服务活动时，最重要的是将儿童和其他因素进行匹配，在进行匹配时可以参考以下方面。

1. 小组中儿童的数量

小组成员的人数通常根据小组的类型和目标来决定，也需要考虑现实因素，如房间的大小、可使用的物资的数量、儿童的年龄等。年幼的儿童需要社会工作者投入更多的精力来关注其需求，因此，人数上需要更少一些。

2. 性别构成

性别是进行儿童服务时需要考虑的因素之一。对于年幼的儿童（4—5岁），性别很少会在小组中成为一个问题，男孩和女孩混合不会影响彼此的表达。儿童逐渐长大后，逐渐认识自己的性别特征，其在游戏和言语表达中的差异会变得更明显，这是正常的发展过程。长大的男孩和女孩会因性别变得更加羞涩、更具差异性，因此，在小组构成时需要充分考虑性别因素，特别是青春期的同性别小组在某种程度上比混合性别的小组更容易互动和交流。

3. 年龄

儿童能否从小组中受益，年龄也是因素之一。普遍的指导方针是，小组内儿童年龄差最好控制在一岁以内，把相同或相近年龄的儿童放在一起，就避免了不同年龄固有的不平等合作。

4. 由兄弟姐妹构成的小组是儿童小组服务中的一个特殊情况

将兄弟姐妹安置在同一小组中需要有较少竞争性的指导方针。由兄弟姐妹构成的小组是混合年龄和性别的小组,需要使用一套独特的决策程序来确定适合小组的要素,这些要素要与兄弟姐妹相关,例如彼此之间的对抗或攻击。另一个问题是家庭创伤,这些儿童可能经历过被虐待、被忽视或被父母遗弃,在这种情况下,小组服务是一种有效的干预方式,因为它为儿童提供了一个与社会工作者相处的安全环境,并允许兄弟姐妹表达对创伤的回应,从而获得彼此的理解和支持。

5. 人格、行为和文化特点

小组构成中最具挑战性的因素是需要根据儿童的人格行为和文化特点来匹配。这个孩子有很强的攻击性吗?这个孩子太沉默寡言了吗?一个外向的儿童会不会帮助或抑制一个腼腆的儿童参与活动?当社会工作者在组建小组时,对类似的问题都会找到自己的答案。但下面这些问题可以帮助社会工作者更快地做出决定:(1)一个儿童能否逐渐跟随另一个儿童的发展而发展?即一个儿童的特点能否作为另一个儿童的榜样?(2)一个儿童能否彻底压制另一个儿童?一个儿童的特点,如攻击性或失落感,能否强大到打击另一个儿童?(3)在处理文化差别时,能否将基本背景不同的儿童混在一起,以至于儿童很可能因为其他人的存在而沉默?

学习活动 6-2

某机构在暑假开展了一次儿童小组服务活动。小组的参与者是 10 名 10—12 岁的儿童,其中有 5 名城市儿童、5 名刚从农村到城市的随迁儿童。小组的目标是组成儿童互助团队,希望通过一系列的城市行走挑战活动,让随迁儿童尽快了解和熟悉城市生活;在任务挑战中能够彼此学习长处,增进了解,成为朋友。但在小组执行过程中,社会工作者发现,城市儿童与随迁儿童之间始终保持着泾渭分明的界限。尽管在必须合作的环节中,双方都能够一起完成指定任务,但在其他非必须与对方人员合作的环节中却没有互动交流,仅与和自己有同样背景的儿童互动。这与社会工作者设计小组服务的初衷并不一致。

请分析造成该小组此状况的原因，并且思考如何调整并打破现在的困局。

总之，在儿童小组中，儿童发现有相似背景的同伴可以减少他们的孤独感，并发展出归属感，然后在这一"真实生活"环境下，开始尝试发展新的人际沟通技巧，并在不断试错的过程中学会与他人建立关系的有效方法。于是这个小组成为儿童日常世界的缩影，在这个情境中，儿童可以及时得到来自同伴的回应，并且获得学习的机会。在给予同伴帮助时，他们会变得敏感，这却也极大地提升了自我认知。遭遇过伤害的儿童通常对自己的评价都很低，还有强烈的挫败感。但当他们发现自己是可以对他人有所帮助时，他们就会萌生出价值感，这是小组服务能够产生的最深远的效果。此外，小组服务时，儿童还能感受到他们是受尊重的，他们的价值不在于他们做了什么，而在于他们的自我身份。

第二节　不同年龄段儿童的小组服务

一、学龄前期儿童的小组服务

尽管我们在本章第一节中提到了年幼的儿童的社交期望相对较低，并不关注他人的行为，而学龄期和青春期儿童更适合小组服务，但这并不代表学龄前期（3—6岁）儿童不能接受小组服务。对于学龄前期的大部分儿童而言，小组服务能够使其专注力、倾听能力、社交技能得到提升；增强他们的想象力，锻炼他们合作工作和执行任务的技能；提升制定解决问题和冲突的策略的能力；帮助他们获得自尊、自信；使他们学会给他人积极的回应，从而也帮助他人建立自尊和自信。更重要的是，他们培养了玩的技能，而且玩得很开心，因为"越会玩的孩子，越有学习的能力"，儿童开心时对知识的吸收效率是最高的。

通常社会工作者会进入幼儿园或在社区儿童中心开展学龄前期儿童的小组服务活动，有学者将学龄前期的儿童服务称作"圆圈时刻"，即所有的参与者都是平等的，包括社会工作者在内均要参与到活动中；除非是大型的运动活动，不然都在一个圆圈内。社会工作者要和儿童约定界限，鼓励其他儿童倾听并保证他们的情绪安全。

对于学龄前期的小组服务而言，安全感的营造是非常重要的（当然对所有年龄段的儿童而言都很重要）。儿童若没有安全感，就无法调动自己学习的积极性。营造小组内的安全感有以下几个要素。

● 关系。一方面是社会工作者给儿童设定的界限，并且能坚守界限；另一方面是指儿童之间彼此感觉是安全的。只有当儿童感觉到安全时，他们才会去做更多的尝试。有时在小组中，儿童可能会有越界的行为，用调皮或淘气的举动触碰设定好的界限，这是一种尝试行为。如果社会工作者能够坚守界限，那么儿童就会更有安全感。

● 社会工作者的信心。成年人越有信心，儿童就会觉得越安全。学龄前期的儿童特别需要强大且自信的成年人来带领。

● 常规。对学龄前期的儿童来说，在小组服务中需要明确的、可预测的、一致性的流程，让他们知晓下一步会发生什么，减少他们对未知的焦虑，亦即固定的时间、固定的地点、固定的人等。

● 明确的期望。儿童清楚地知道社会工作者对他们的期望是什么。对于学龄前期的儿童来说，小组的期望（规则）是由成年人设定的；学龄期和青春期的小组期望则是成年人与儿童一起讨论得出的。通常，学龄前期的小组期望包括一次一个人说话、使用善意的语言、举止要礼貌、倾听他人、可以说"过"（当儿童不愿意说或没准备好时可以说"过"）等。

● 有趣的互动。小组服务需要有好玩的、有趣的元素。儿童在有安全感的前提下，在玩的同时更愿意去探索一些新的活动内容。

和其他年龄段的小组不同的一点是，学龄前期儿童的小组服务时长大约在20—30分钟，这与参与者的年龄以及小组当下的状态相关。此外，小组的成员人数控制在3—5个人，组员的年龄越小，人数应越少。确保小组中的所有儿童都存在相同程度的问题，或者有个别儿童的问题程度较轻。

一般情况下，在学龄前期的儿童小组中，社会工作者更需要注意的是如何回应儿童发展性的需要，以及如何培养儿童学习发展过程中的诸多技能。比如如何发展关系和友谊、培养情绪素养、培养合作意识等。

下面以一节学龄前儿童的情绪认知小组活动设计为例，介绍该年龄段儿童小组服务的特点。

1. 欢迎歌（欢迎词）

做法：可以唱一首固定的儿歌，或者由社会工作者和每个儿童打招呼，重点在于社会工作者能准确叫出儿童的名字；进一步的做法是说出一个与该儿童相关的情绪词。

目的：使儿童感觉到被重视、被关注，以维护小组的安全感和稳定关系。

2. 游戏：情绪舞蹈

做法：儿童围成一个圈坐着或站着；社会工作者先说出一个情绪词，并用表情或身体动作将这个词表现出来（示范）；社会工作者再说一个情绪词，儿童以自己的方式将这个词表现出来。

注意事项：（1）社会工作者说出的情绪词要符合该年龄段儿童的认知，包含四种基本情绪（喜、怒、哀、惧）的不同词汇；（2）积极的情绪词和消极的情绪词轮流出现，如兴奋的舞蹈→生气的舞蹈→开心的舞蹈；（3）最后以安静、平和的情绪结束游戏，如舒服的舞蹈。

3. 创造性想象：松松软软的床

做法：儿童可以躺着或找个舒服的姿势坐着，闭上眼睛，调整呼吸。待儿童安静后，社会工作者可以开始做冥想的引导，如"想象自己躺在一张松软的床上，这张床非常安全、舒服。这是一张神奇的床，可以带着你到想去的任何地方，此刻它带着你向游乐场飞去，你有点紧张、又有些兴奋；一路上你听到……闻到……感觉到……；开始着陆了，在你面前的是一个摩天轮，你非常开心，这是你最喜欢的项目……这张神奇的床慢慢地把你带回到了这个房间，真是一场有趣的'旅行'"。

注意事项：（1）过程中需要随时关注儿童的投入状况，以便及时调整时长；（2）在想象的语言中，均是"事件＋情绪"的组合，以便协助儿童体验两者的关系；（3）所有的想象最终都要回归到现实的环境中。

4. 结束歌

以固定的儿歌结束或以儿童姓名加今天的情绪表现说再见，如"君君今天笑得好开心哦！我们下周见"。

在上述学龄前期儿童的小组服务中，"情绪"的内容贯穿于每一个活动，让儿童反复经历和体验，在此期间不要求他们用语言表述、说明和分享，因为学龄前期的儿童最重要的是感受。

此外，在主体活动中只需要一动、一静两个部分即可，且"动"的部分也要以"静"结束，以此来调整儿童的情绪状况，控制其行为。在同一小组主题下，第一个活动和最后一个活动的内容和形式尽量保持一致，这样能够增加他们的安全感。

二、学龄期儿童的小组服务

对学龄期儿童而言，小组服务是最有效的服务方式。我们知道，随着年龄的增长，儿童渴望接近他人，想要与他人相互学习，并与他人建立联系，这对于学龄期儿童和年龄稍大的青少年来说都非常重要。

在小组服务中，儿童可以学到重要的领导技巧，发展健康的社交技巧，与同龄人建立联系。此外，在团体的帮助和影响下，他们能学会自我调节，并且开始发展出新的依恋和联结关系。

在小组中，社会工作者教给儿童自我肯定和健康交流的技巧，而随着他们学会如何与他人适当地交往，逐渐培养起寻求依恋的习惯；他们还能学会以更健康和更适应的方式满足自己的需求，因为在小组的社交范围内，儿童之间相互学习、彼此交往，小组实际上是一个小的社会，展现了孩子面对的更大世界和更广的社交范围。如果儿童能在这些小团体中获得成功，变得越来越自信、越来越从容，他们也能逐渐在周围的世界中获得成功。

下面是一个适合该年龄段儿童的情绪认知的干预游戏。

游戏名称：MM 豆游戏

所需材料：MM 豆或色彩鲜艳的糖果

做法：

1. 小组成员围坐成一圈，社会工作者给每个人一把五颜六色的 MM 豆或糖果，并告诉他们现在不要吃。

注意：这需要他们具有一些耐心，这种方式有利于在小组中建立融洽关系，培养表达感受和识别情绪的能力。

2. 让每位组员给手上各种颜色的 MM 豆或糖果分别指定一种情绪。

注意：这取决于个人对颜色的理解，对于一些孩子来说，绿色可能代表开心，另一些孩子则认为绿色代表悲伤。颜色没有对错之分，孩子指定的情绪也没有对错之分，因人而异。

3. 他们选好之后，让其描述最近几天自己感受到这种颜色或情绪的一段记忆或一个时刻。在此期间，社会工作者要告诉其他成员不要打断正在分享的儿童，也先不要谈论自己的这种感觉或体验。

注意：如果要增强团体的凝聚力和团体体验，可以添加一个环节——若其他人有相似的感觉或类似的情绪体验，可以竖起大拇指或举手。

4. 组员轮流讲述，直到所有人都用不同颜色的 MM 豆或糖果表达了自己的感受。

开启这个小组游戏的目的是让参与者学习识别情绪，引导他们开始在生活中辨识感受到不同情绪的时刻，并且确认所有人都有情绪。有情绪是很正常的，除了开心、生气和悲伤之外，还有很多情绪存在。因此，这是开启情绪管理学习的极好方式，同时也能增进小组成员间的相互联结和彼此依恋，促进共情能力的发展，以及增强对他人情绪体验的理解和认同。依恋的关键需求之一是被看到、被重视、感到被爱和讨人喜欢。通过这种类型的干预方式，组员们可以了解别人的情绪状况，给彼此一定的认可，儿童个体感受到这种认可之后，会感觉和朋友有着相似的体验，从而加深彼此之间的联结。

对于学龄期儿童，小组服务的目标包括促进个人发展、更深入地探索关键问题、在安全的环境中练习新技能、更多地了解自我、发展与他人相处的方式、感到安全并承担风险、更好地做出明智的选择、在玩中体验、学习和成长等。对学龄期儿童而言，用言语去表达深层次的感受、想法和体验没有那么容易，因此仍需允许儿童使用更容易表达的"语言"和方式来呈现自己。

三、青少年阶段的小组服务

青春期是一个介于童年和成年之间的不同寻常的阶段，也是人生中的一个关键节点。这一阶段，青少年发展的基本目标是：自主——与自己的父母或照顾者分离；个性化——探索自己的兴趣和所扮演的角色，并为自己创造更明确的身份，自我意识也更加增强；归属——重新融入成人世界并建立关系。

在开展青少年小组服务活动时，社会工作者要充分考虑青少年群体的阶段性特征，合理设置小组环节，以青少年发展为导向，注重压力预防训练，尊重青少年的身心发展规律，创造平等、尊重和相互信任的氛围，注重游戏的作用。同时还需要注意控制小组的人员数量和服务频率，一般来说，服务活动频率至少为一周一次，每次参与人数最少4人，最多12人。

以青少年发展为导向。小组服务应以促进青少年个人和小组成员的成长为目标，应为青少年提供一个利于发展的社交环境，从而在促进个人发展的基础上影响其家庭及社区系统的动力。

注意压力预防训练。青少年阶段儿童承受的压力比童年期其他任何年龄段都更大。因此，放松训练是一种缓解压力的有效方法。事实上，各种缓解压力的方式都适合青少年，包括改变紧张状态、放松肌肉群、想象放松、冥想、正念等。要让青少年能够理解精神紧张与身体反应之间的关系。放松训练可以提升青少年接纳压力的能力，在这期间，社会工作者要鼓励小组成员进行相互交流。

尊重青少年的身心发展规律，小组服务的内容需要符合青少年的兴趣。一般来说，现在的青少年会喜欢玩电脑游戏、音乐游戏和参与体育运动等，创造性的活动和材料对青少年来说尤其重要。社会工作者可以选择组员擅长的创造性内容，让组员参与其中，然后让其表达自己难以言说的情感体验。此外，适当策划户外活动对青少年来说也很有必要，在户外场地时特别需要关注与健康以及安全相关的事项。

在小组中创造平等、尊重并相互信任的氛围。青少年在情感上是比较敏感的，好的小组氛围可以让参加者感到舒适，增加他们对小组成员的信任，从而与别人更好地分享和交流。社会工作者需要具备较强的亲和力和沟通能力，在小组中，社会工作者的态度是"温柔而坚定"的，须时刻关注青少年的情绪变化、表情和身体状态。

重视游戏的作用。游戏治疗对于许多面临发展问题的青少年而言是一种可行且有效的干预方法。第一，有趣的互动环境可以接纳和确认青少年可能经历的消极行为，并使他们的表现正常化；第二，采用语言交流和游戏的服务方式可以让青少年自然地穿梭于童年与成年人的世界中；第三，游戏治疗的控制权在青少年手中，也就是说，他们可以决定自己参与治疗的程度和范围；第四，提供富有表现力、有趣的道具或玩具，能够激发青少年的表达需求和欲望，进而展示他们对未知世界的探索精神；第五，游戏治疗的非指导性方式，避免了关于治疗时青少年"应当曝光什么、可以隐藏什么"的争议；第六，轻松、有趣的治疗方式可以消除青少年在袒露自己痛苦的想法和感受时产生的恐惧，同时象征性和表现性游戏与言语对话的结合，有助于解决青少年的发展问题。

下面将介绍一个在青少年小组中进行的认识情绪的活动。

活动名称：一人一故事——愤怒

做法：

1. 每个组员轮流说出一个最近发生的让自己感到愤怒的事件。

2. 由小组成员从中选出一个大家都感兴趣的故事。

3. 提供故事的组员成为"导演"，他需要指定小组成员来扮演这个故事中的不同角色，包括他自己；除了人物外，故事中涉及的物品、动植物、环境都需要指定小组成员来扮演，可能还需要"音效师""氛围制造师"等（要求：所有小组成员都需要在接下来的演出中承担角色任务，社工可增加辅助性角色）。

4. 角色分配后，由"演员"们自行做准备，若对故事有疑问则可以向"导演"提问。要求："导演"不得干涉"演员"的准备过程，只在"演员"主动询问时进行回答。

5. 准备完毕，"导演"变成"观众"，观看这幕短剧。

6. 社会工作者在演出结束后，采访每一位"演员"为什么要这样演，最后询问"观众"的观后感——对愤怒的理解。

学习活动 6-3

上文分别在学龄前期、学龄期和青少年期各介绍了关于情绪的小组活动的内容，请分析这三个活动的设计理由，评估这些活动在相应年龄群体中实施的可行性和有效性。

第七章　社区层面的儿童服务

◆ **本章要点**

- 儿童友好城市包括五个维度：社会政策友好、公共服务友好、权利保障友好、成长空间友好、发展环境友好。
- 儿童友好的服务包括支持性服务、保护性服务、补充性服务、替代性服务和发展性服务。
- 社区儿童保护采用三级预防的工作模式：一级预防主要是公众宣传与倡导预防服务；二级预防是对风险儿童及家庭的发现与识别，并对中低风险儿童进行服务；三级预防是针对高风险或易受伤害的儿童通过干预或转介的方式提供服务。

第一节　儿童友好社区

"儿童友好"一词来自英文"Child-friendly"，指的是儿童有权利拥有健康、受保护、得到关心、受到教育及没有歧视的环境，并且在被忽视时有权寻求帮助和保护。1924年《日内瓦儿童权利宣言》最早提出了关于儿童需要特殊照顾的观点，1989年联合国大会通过的《儿童权利公约》承认"儿童的权利主体地位，尊重儿童的感受；关注儿童周围环境应有利于儿童的福祉，重视儿童与成人、儿童与家庭、儿童与儿童之间的交流与反馈"。儿童权利保障是儿童友好概念的价值内核，一切与儿童相关的举措都要坚持儿童至上的原则，最大限度地保护儿童。

1996年，联合国儿童基金会（United Nations International Children's Emergency Fund，简称 UNICEF）和联合国人类住区规划署（United Nations Human Settlements Programme，

简称 UN-Habitat）联合发布《国际儿童友好城市方案》，提出"儿童至上"的理念，强调一个地区的健康社会和健康城市的最终目标是为儿童谋福祉和提升儿童的生活质量，希望各地的利益相关方与联合国儿童基金会一起，共同创建安全、包容、充分响应儿童需求的城市和社区。该方案提出了"儿童友好城市"（Child Friendly City，简称 CFC）的概念。

我国于 2011 年颁布的《中国儿童发展纲要（2011—2020 年）》总目标明确指出："完善覆盖城乡儿童的基本医疗卫生制度，提高儿童身心健康水平；促进基本公共教育服务均等化，保障儿童享有更高质量的教育；扩大儿童福利范围，建立和完善适度普惠的儿童福利体系；提高儿童工作社会化服务水平，创建儿童友好型社会环境；完善保护儿童的法规体系和保护机制，依法保护儿童合法权益。"

我国于 2021 年发布的《中国儿童发展纲要（2021—2030 年）》明确了"建设儿童友好城市和儿童友好社区"的目标，提出了儿童与健康、儿童与安全、儿童与教育、儿童与福利、儿童与家庭、儿童与环境、儿童与法律保护等 7 个领域共 70 项主要目标和 89 项策略措施，从儿童身心健康、优质教育、福利体系、社会文化、实体环境和保护机制等方面全面保障儿童的合法权益。《中国儿童发展纲要（2021—2030 年）》将儿童友好城市和儿童友好社区建设摆在重要位置，并强调了公共服务友好的核心地位。

2021 年 9 月 30 日，国家发展改革委、国务院妇儿工委办公室、民政部等 23 个部门联合发布《关于推进儿童友好城市建设的指导意见》（简称《指导意见》）。《指导意见》首次定义了"儿童友好"的中国内涵，提出儿童友好是指为儿童成长发展提供适宜的条件、环境和服务，切实保障儿童的生存权、发展权、受保护权和参与权，并明确提出"儿童优先，普惠共享""中国特色，开放包容""因地制宜，探索创新""多元参与，凝聚合力"的四大基本原则和 24 条重要举措。

一、儿童友好城市

联合国儿童基金会和联合国人类住区规划署提出的《国际儿童友好城市方案》中指出，CFC 的最终目标是通过倡导儿童优先的理念，鼓励政府制定实施促进儿童发展的政策体系和公共服务体系，保障儿童在健康、教育、福利和安全等方面的权益，促进儿童生存权、发展权、受保护权和参与权的实现。CFC包括四个核心要义，即面向儿童的友好政策、友好人文、友好服务和友好环境。所以说，CFC的概念既可用于城市，也可用于社区，只要该城市或社区保障儿童获取基本服务的权利，并保护儿童免受暴力、虐待和剥削，就具备被称为CFC的条件。

儿童友好型城市和社区的所有儿童的特征如下：

- 人身安全有保障，免受剥削、暴力和虐待。
- 人生有美好的开端，健康成长，备受关怀。
- 能便捷地获得高质量的基本服务。
- 能享有优质、全纳性及参与式的教育和技能培训。
- 能对影响本人的一切事项自由发表意见并影响相关决策。
- 能参与家庭、文化、城市、社区和社会生活。
- 能生活在清洁、无污染、安全、有绿化空间的环境中。
- 能与朋友见面，有地方供他们玩耍和娱乐。
- 不论性别、能力、种族、宗教、收入，每个人都能拥有平等的机会。

2018年联合国儿童基金会发布了《儿童友好型城市规划手册：为孩子营造美好城市》（*Shaping Urbanization for Children: A Handbook on Child-Responsive Urban Planning*）和《构建儿童友好型城市和社区手册》（*Building Child Friendly Cities and Communities: A Manual*），两个手册的出台为各国儿童友好城市和社区建设提供了重要的战略指导和技术规范支持。

2021年我国颁布的《关于推进儿童友好城市建设的指导意见》，提出推进儿童友好理念融入城市规划建设，把儿童友好理念向全社会推广，推动儿童友好理念深入人心，并将国际上已形成的"政策友好、空间友好和服务友好"的三维友好理念扩展为社会政策、公共服务、权利保障、成长空间、发展环境五个维度的友好理念，鼓励"创建社会政策友好、公共服务友好、权利保障友好、成长空间友好、发展环境友好的中国特色儿童友好城市"。具体来说，五个维度是指：

● 社会政策友好：在制定公共政策、配置公共资源、规划城市建设中，坚持儿童优先，体现儿童视角，注重儿童参与。

● 公共服务友好：要立足儿童成长发展的实际需求，健全完善面向儿童的公共服务体系，促进普惠共享、优质均衡。

● 权利保障友好：要关爱保护特殊困难儿童群体，构建适度普惠儿童福利体系，织密兜牢儿童社会保障网。

● 成长空间友好：要让城市空间适应儿童身心发展特点，做到安全、便利、亲近自然，为儿童成长营造良好的外部环境。

● 发展环境友好：要聚焦儿童日常学习生活等场景，塑造健康、文明向上的社会人文环境。

《指导意见》要求"到2025年，通过在全国范围内开展100个儿童友好城市建设试点，推动儿童友好理念深入人心，儿童友好要求在社会政策、公共服务、权利保障、成长空间、发展环境等方面充分体现"，希望到2035年，50%的百万人口以上城市已开展儿童友好城市建设，有100个左右的城市被命名为"国家儿童友好城市"。

学习活动 7-1

请阅读《关于推进儿童友好城市建设的指导意见》，和你的伙伴讨论你们所在的城市在哪些方面做到了儿童友好，哪些方面还存在不足？

二、儿童友好社区

社区是除家庭、学校外，儿童成长和发展的重要场所。作为城市的基本单位，社区建设和社区治理是贯穿城市发展理念、践行城市发展规划的重要形式。"儿童友好社区"是在"儿童友好城市"理念的基础上,结合我国社区建设和社区治理实际而提出的概念。它以社区为依托,以保护儿童权利和促进儿童发展为宗旨,以儿童及其监护人和其他家庭成员为服务对象。在安全友好的社区公共空间,提供包括文化、教育、健康等多维度的普惠性服务,旨在为儿童营造一个安全、健康、快乐的成长环境。

具体而言,儿童友好社区意味着儿童能从社区中获益,能享受社区中有益于身心健康的基础设施以及自然环境,各参与主体在社区中关注儿童的声音,尊重儿童的权益。儿童友好社区建设就是从日常生活的居所延伸至全社会,共同营造儿童友好氛围,从而促进儿童健康幸福地成长。

(一)中国特色儿童友好社区的建设

我国在法律法规、国家规划、社会治理等方面对儿童的保护和权利保障进行了全方位、有效、综合的实践,形成了政府主导、多方参与的具有中国特色的儿童友好社区建设模式。

1. 法律法规方面

目前,我国的儿童友好城市与社区建设工作已建立起了较为完整的制度框架,可分为三个层次。

(1)国际公约层面:我国已签署、批准、加入了国际上有关儿童友好的主要公约,如《儿童权利公约》《儿童生存、保护和发展世界宣言》《准予就业最低年龄公约》《跨国收养方面保护儿童及合作公约》等。

(2)国家法律法规层面:我国已形成了以《中华人民共和国宪法》为核心,包括《中华人民共和国刑法》《中华人民共和国刑事诉讼法》《中华人民共和国义务教育法》《中华人民共和国母婴保健法》《中华人民共和国未成年人保护法》《中华人民共和国预防未成年人犯罪法》《中华人民共和国传染病防治法》《中华人民共和国家庭教育促进法》等一系列促进儿童健康成长和全面发展的专项法律法规。

(3)政府行政政策层面:国务院及其相关部委颁布了大量的条例、通知、意见、办法、规定等，用以指导、规范儿童保护工作，维护儿童权益，包括《中华人民共和国母婴保健法实施办法》《禁止使用童工规定》《艾滋病防治条例》《中国反对拐卖人口行动计划（2021—2030年）》《学生伤害事故处理办法》《国务院办公厅关于加强和改进流浪未成年人救助保护工作的意见》等，涉及教育、卫生保健、救济与福利、养育、司法等各个方面。

1991年我国签署世界儿童问题首脑会议通过的《儿童生存、保护和发展世界宣言》和《执行九十年代儿童生存、保护和发展世界宣传行动计划》两个文件，并通过《中华人民共和国未成年人保护法》等法律，同时批准《儿童权利公约》，保证了儿童享有与成年人相同的基本权利。同时，鉴于儿童在生理与心理方面具有弱幼、不成熟、缺乏自我保护能力的特点，我国三个层次的法律法规还赋予了儿童许多特殊的权利，如身份权、受保护权、受监护权、受抚养权、受教育权、福利权等。

2021年6月1日起施行的新修订的《中华人民共和国未成年人保护法》，其条文从原来的72条增加到132条，细化了家庭监护职责，完善了学校安全管理制度，强调了公共场所的安全保障义务，新增了网络保护、防止网络沉迷、制止未成年人网络欺凌的内容，在司法环节实现对未成年人保护全覆盖，建立相关行业违法犯罪记录入职查询制度，建立未成年人心理健康筛查和早期干预机制，明确"听取未成年人意见"等内容。2021年10月23日通过的《中华人民共和国家庭教育促进法》，自2022年1月1日起施行，该法强化了国家、社会为父母或其他监护人提供未成年人家庭教育指导、支持和服务的责任。

2. 国家行动计划的实施

党的十九大报告提出"幼有所育"和"弱有所扶"的要求，儿童工作的重要性上升到了前所未有的战略高度。随着儿童友好实践的不断深化，儿童友好城市的建设目标也被首次纳入国家国民经济和社会发展规划中。2021年9月27日发布的《中国儿童发展纲要（2021—2030年）》把"坚持鼓励儿童参与"作为基本原则之一，强调尊重儿童主体地位，鼓励和支持儿童参与家庭、社会和文化生活，"涉及儿童的法规政策制定、实施和评估以及重大事项决策，听取儿童意见。将儿童参与纳入学校、校外教育机构、社区工作计划""广泛开展儿童参与的宣传、教育和培训活动",创造有利于儿童参与的社会环境。

2021年9月,国家发展和改革委员会等23个部门联合印发《关于推进儿童友好城市建设的指导意见》,明确提出"开展儿童友好社区建设",要求建设"社区儿童之家等公共空间,为儿童提供文体活动和阅读娱乐场所","增加社区儿童'微空间',鼓励社区打造儿童'游戏角落',提供适龄儿童步行路径和探索空间,合理增设室内外安全游戏活动设施"。

总的来说,我国的儿童友好城市的建设工作起步相对较晚,现有的政策体系、制度建设、顶层设计、规范标准、技术指标实施细节等都在日益完善中。

3. 多元主体参与的有效互补、协同共建模式

儿童友好社区建设以"儿童为本"的理念为指引,以保护儿童权利和促进儿童发展为宗旨,致力于"让社区回归儿童",促进儿童参与,打造适合儿童生存与发展的多元友好生态体系,不仅是促进社会公平正义的重要价值体现,也是构建共建、共治、共享的社会治理格局的关键举措。国务院妇女儿童工作委员会、国家发展和改革委员会、民政部、中华全国妇女联合会、中国儿童中心等政府部门、事业单位和群团组织以及各社会力量共同展开对创建儿童友好社区和儿童友好城市的探索。

4. 中国特色儿童友好社区建设模式的地方实践

在2020年12月公布的首批"中国儿童友好社区建设试点"名单中,北京、深圳等16个社区入选。这些社区以深圳的"规划先行·五维友好"、上海的"资源协同·提质增效"、长沙的"三维友好·持续升级"、成都的"儿童之家·场景营造"等模式为代表,形成了一系列独具特色的儿童友好社区建设模式。

我国儿童友好社区创建虽然起步较晚,但在制度、文化、空间、服务、人员五个维度上积累了丰富的实践素材和创新经验,儿童友好社区呈现出试点带动街道,由街道向全域辐射的发展态势。

（二）儿童友好服务中的社会工作

社会工作是儿童友好社区建设中不可或缺的一股专业力量，同时也是儿童友好服务的重要途径。

儿童友好服务是构建儿童友好社区不可或缺的一环。尽管可能面临硬件改造的条件限制和资金短缺问题，但只要儿童及家长有困难和需求，儿童友好服务的相关组织就会持续去满足其需求和解决问题。

儿童友好服务非常重要，也异常复杂，从性质上可划分为五类服务，即支持性服务、保护性服务、补充性服务、替代性服务和发展性服务。其中，支持性服务、保护性服务的公益性更明显，补充性服务、替代性服务次之，发展性服务的市场特征则尤为突出。如何判断一个服务项目的性质是公益性还是商业性？一般来说有两个依据，即服务对象的消费能力和服务产品的价格。为消费能力弱、有特殊需求的困境人群提供无偿服务就有可能是公益性服务。以儿童教育为例，如果面对的是消费能力弱的群体，服务免费或公益定价，且机构不分红，则为公益性服务；如果面对的是消费能力强的群体，服务定价高，且机构有利润分红，则该项目是商业性服务。需要注意的是，如何根据项目特点区分该服务属于哪种儿童友好服务也是难点，但无论是公益性的儿童性教育项目还是商业性的儿童性教育项目，都属于发展性的儿童友好服务范畴。如果某个儿童性教育项目的服务对象是智力障碍儿童，那么这个项目同时兼具了支持性服务和保护性服务的特点。因此，从社区儿童及家长的实际困难或需求出发，设计或引入项目更有实际意义。

社会工作的专业性为在社区内开展儿童友好服务活动提供必要性和可行性的支持。社会工作者在社区内开展的儿童友好服务活动，其内容常见的有以下几种。

● 支持性服务。支持性服务重视环境的力量，通过优化环境来提高儿童所处环境的功能，完善针对儿童和家庭的支持性公共服务体系，改善儿童的家庭环境、教育环境、健康卫生环境和社会支持环境等。通过提高照料者的能力，增强家庭的亲职能力，促进儿童的健康成长。具体措施包括：开展家庭教育宣传活动和公益讲座（如儿童权利保护宣传、正向教养理念公益讲座等），提供常态化的儿童养育及家庭课堂支持服务（如亲子活动、课后托管、家长课堂、寒暑假活动营等），以及定期提供家庭教育指导和支持服务或开展家庭教育主题活动（如视觉健康关爱服务、儿童安全教育活动、探索城市之旅等）。

●保护性服务是为儿童权利提供的针对性服务，本章第二节会专门介绍。

●补充性服务。社区作为向儿童和家庭提供儿童友好服务的载体和枢纽，能够及时发现各类需要帮助的儿童及其家庭，要充分发挥资源整合优势，在社会系统不能很好履行相关职责或存在缺位的情况下，为儿童及其家庭提供必要的补位支持。例如，某儿童社会工作服务机构发现，社区内的民办学校无法为随迁儿童提供午餐，而大部分家长则忙于生计无暇顾及孩子的午餐，导致大部分随迁儿童在中午无法吃到温暖、健康、营养的餐食。该机构经过评估，在没有外部资金支持的情况下，在社区内启动了"妈妈味道互助坊"服务项目，目标是为儿童提供健康、营养的午餐。该项目中，机构整合社区内的资源，由机构提供项目的启动资金（用于购买基本的厨具等）；社区的三位全职妈妈以志愿者的身份负责午餐食材的采购、制作；有儿童午餐需求的家长提供午餐成本费用和每月一次的志愿服务；就餐儿童负责每天现场的清洁、整理等力所能及的工作。

●替代性服务。替代性服务是指，当家庭照顾功能缺失时，针对儿童的实际需要，将儿童安排到适当的居住场所，提供一部分或全部替代家庭照顾功能的服务。这些服务包括家庭寄养、收养，以及儿童福利院和未成年人救助保护中心为儿童提供的安置服务。社区层面可以提供的替代性服务主要包括替代家庭的部分照顾功能，如正式照顾服务的托儿托育服务（如普惠性日间托育中心）和非正式照顾服务（即当个人、家庭遭遇突发或紧急事故时提供的临时服务）。

●发展性服务。儿童友好社区建设的根本目标包括促进儿童综合发展，在社区为儿童提供所需的友好空间，满足儿童安全活动、友好互动及全方位发展的需要等。例如，儿童议事会的成立是儿童友好社区建设的重要举措，由儿童议事会负责管理社区"儿童之家"的常规服务，开展儿童主导的调研工作，倾听儿童的声音和需求，并将这些需求及时反馈，使儿童在参与服务活动的过程中发展自身能力。

第二节 社区层面的儿童保护工作

社区是儿童主要的活动场所之一,它与家庭、学校共同构成了儿童成长的基本环境。近年来,社区在儿童保护中的作用越来越受到重视。《中国儿童发展纲要(2011—2020年)》中明确要求"强化城乡社区儿童服务功能。建立以社区为基础的儿童保护工作运行机制";2016年施行的《中华人民共和国反家庭暴力法》和国务院颁布的《关于加强困境儿童保障工作的意见》、2017年颁布的《中华人民共和国民法总则》等都强调社区在儿童保护中的重要地位和职责。

社区儿童保护是指社会工作者以儿童权利为指导思想,以儿童利益最大化及避免儿童受到伤害为服务原则,以落实国家监护责任为目的,以儿童为中心,以家庭为依托,以村或社区为基础的,保护儿童免遭忽视、虐待、剥削、暴力伤害的专业服务。其着力于提高儿童的韧性和自我保护能力,健全社区儿童保护和服务机制,强化社区儿童保护和服务功能,及时应对突发事件,保障到位。

为促进上述目标的实现,在社区从事儿童服务工作的社会工作者要完成下列工作。

●对社区儿童及家庭情况进行摸底调查,建立基本信息动态收集系统,并定期汇总。

●对辖区内的儿童进行风险等级评估,筛查出中、高风险儿童和家庭,并针对其需求整合各方资源提供相应服务。

●建立以社区为基础的儿童保护制度,包括儿童信息报告监测反馈机制以及不同风险等级的儿童服务机制、儿童保护强制报告制度、多部门合作机制等。

●向社区居民宣传倡导儿童保护基本理念,通过讲座、培训等活动提升社区居民的儿童保护意识和技能,收集整理儿童保护个案信息,并向相关部门进行政策倡导。

一、社区儿童保护体系的组织架构

社区儿童保护体系是一个错综复杂的系统,无法仅凭单一部门、机构或专业领域独立构建。如图 7-1 所示，该体系的顺利运作至少需要三类组织各自承担不同职责。

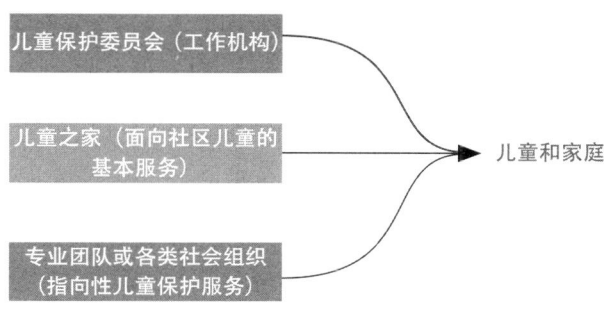

图 7-1　社区儿童保护体系

1. 议事协调机构：儿童保护委员会

在社区儿童保护体系中，首先需要设立一个儿童保护委员会或类似的组织作为协调核心。这一机构应植根于社区层面，负责领导和规划社区儿童保护工作，能够有效传递社区信息与需求，并协调外部资源参与儿童保护工作。理想的构成是以村/居委会为基础，联合相应级别的公安、民政、医疗、教育、妇联等相关部门及群团组织共同组成。通过定期的联席会议制度，确保各成员单位在儿童保护与服务工作中实现联动与协作。

2. 执行团队：以社区"儿童之家"为枢纽的工作平台

社区"儿童之家"是《中国儿童发展纲要（2011—2020 年）》明确指定的，以社区为平台，"为儿童及其家庭提供游戏、娱乐、教育、卫生、社会心理支持和转介等服务"的机构，在社区儿童保护体系中起着核心作用。

当前，"儿童之家"的建设与管理主体呈现多元化特点，主要以政府职能部门为主导，同时社会组织、公益机构及乡村社区也在不同程度上参与其中。无论建设主体是谁，社区"儿童之家"的服务对象始终覆盖社区内所有儿童及家庭，并特别关注和支持社区内的困境儿童、特殊儿童及家庭。

社区儿童保护的具体工作主要由以"儿童之家"为核心的工作平台来承担，具体职责包括：

●宣传倡导功能：宣传政策和提升儿童保护意识。

- 日常服务功能：为社区儿童提供游戏、娱乐、教育服务。
- 风险儿童识别功能：通过对社区儿童基本情况的评估，随时发现不同风险等级的儿童，并进行实时跟进。
- 福利对接功能：协助社区困境儿童及家庭对接政府现有福利政策。
- 转介服务功能：将排查出的儿童伤害个案转介到专业机构进行服务。
- 接报调处功能：作为儿童强制报告制度在社区层面的接报者，发现或接受各类儿童伤害个案，并进行首次调查评估。
- 儿童个案管理功能：跟踪每例中高风险儿童个案的服务进展，直至结案。

为完成上述工作，"儿童之家"需配备一系列硬件和软件设施。硬件方面包括服务场地、图书、玩具等，旨在为社区儿童提供一个安全、适龄且富有意义的公共活动空间。软件设施则包括社会工作者，尤其是接受过儿童保护相关知识和技能培训的专业人员，以及社区的志愿者。"儿童之家"应致力于培育本土志愿者，以提供持续稳定的志愿服务，从而使社会工作者能够将更多精力投入到非日常服务的专业服务中。

3. 合作者：专业团队和各类社会组织

儿童保护是一个高度专业化的社会服务过程，它关乎儿童的权益，必须依赖于专业人士和专业服务机构的评估、监督、核查与持续跟进。仅凭社区自身的力量难以有效实现这一目标。因此，一个高效运转的社区儿童保护体系必须与各类专注于儿童保护的专责团队和社会组织建立紧密的合作关系。这些组织既可能源自本社区，也可能来自社区外部，涵盖民间团体、社会组织、基金会、国际组织以及提供专业服务的机构，如医疗救治、心理咨询、法律援助、社会工作服务等领域，还包括专业志愿者团队等。

二、社区儿童保护体系的三级预防模式

社区儿童保护采用三级预防的工作模式：一级预防主要是公众宣传与倡导预防服务；二级预防是对风险儿童及家庭的发现与识别，并对中低风险儿童提供服务；三级预防是针对高风险或易受伤害的儿童通过干预或转介的方式提供服务。

（一）一级预防

1. 公众宣传与倡导预防服务

社会工作中的倡导指的是在服务对象面临不利情境时，倡导者通过"代表"和"影响"两个维度来"代表服务对象"以及"影响外界"，从而使服务输送体系能够更贴近地回应服务对象的需求。

在儿童和家庭层面，倡导可以直接面向服务群体，增强儿童和家庭解决问题的能力；在社会层面，倡导通过提升公众预防儿童伤害的意识及加强儿童保护意识，改变社会成员行为，从而达成目标；在法律和政策层面，倡导给予儿童服务和儿童保护的实践经验，能促进相关法律政策的制定和完善。

倡导的对象包括：①家庭。包括父母等主要照顾者以及其他家庭成员。社会工作者应当采取行动倡导父母等主要照顾者重视儿童的家庭教育，尤其是对儿童思想道德、人际交往、安全自护、心理疏导等方面的教育。通过倡导家庭成员的改变，为儿童营造一个良好的家庭成长环境。②学校。社会工作者应倡导学校改变教育方式，更加注重学生的身心健康，尊重儿童权利，创造儿童友好的校园环境。③社区。社会工作者应倡导社区提高儿童保护意识，建立儿童保护机制，建设安全的、符合儿童特点的活动场所，从软硬件两方面营造出关爱儿童健康成长的社区环境。④社会组织。社会组织是儿童保护工作的主力军，应倡导慈善机构、基金会、公益机构、相关的研究机构等为儿童保护提供项目支持、专业技术支持等。⑤政府部门。社会工作者应倡导出台有利于儿童发展的社会政策，制定切实可行的儿童保护、儿童发展和儿童福利计划和条例，对不同儿童的权利和需求进行专门说明。⑥社会。儿童成长与保护需要有一个开放包容的社会环境，应倡导社会加强对儿童权利、儿童保护相关知识的了解与接纳。

倡导的路径包括：①运用媒体优势发起儿童保护项目。其特点是社会影响面大，能够收集较多的儿童伤害的相关信息，并且借助媒体的力量引发社会公众关注。如2013年全国各地百名女记者联合京华时报社、人民网、凤凰网公益频道、中国青年报、中青公益频道等媒体单位发起"女童保护"公益项目，通过发布《"女童保护"2023年性侵儿童案例统计分析报告》引发社会对性侵女童群体的关注，媒体助力宣传使影响不断扩大，2015年"女童保护"升级为专项基金。②利用项目实践推动具体政策的制定。其特点是实践性强，具有很强的可见的实践效果，复制性和推广性较好。因为有实践经验，容易为政策制定者接受，政策倡导的效果比较显著。如2010—2015年由民政部和联合国儿童基金会合作执行的"中国儿童福利示范项目"，推动建立了中国村级儿童福利服务递送体系，为在全国范围建立和推广基层儿童福利服务制度提供了很好的示范和实践，最终于2016年被纳入国务院颁布的《关于加强困境儿童保障工作的意见》中。③以研究为依托支持政策的完善。其优势在于有科学的证据作为支持，能够提供政策制定的依据和方向，容易促成法律和政策层面的改变。如北京青少年法律援助与研究中心一直致力于援助受到暴力伤害的儿童，在多年研究的基础上，开发了多个具备实际操作价值和意义的干预手册。北京青少年法律援助与研究中心负责人参与了《北京市未成年人保护条例》《中华人民共和国未成年人保护法》在不同阶段的调研和起草工作。④国际交流、论坛和座谈会。国内外的论坛交流也是倡导的途径和方式之一，这些交流活动在预防儿童伤害、促进儿童发展和提升儿童保护的公众意识等方面起到引领作用。⑤大型活动。大型活动的特点是主题明确，围绕一个主题设计相关活动，运用多种方式在短时间内引起公众对该议题的足够关注。

学习活动 7-2

每一种倡导的路径都有其特点和局限性，请思考上述五种倡导路径分别有何局限性。

2. 基于"儿童之家"的预防性服务

在社区儿童保护的一级预防工作中，"儿童之家"主要开展的是预防性服务活动，其一是面向无风险或低风险家庭的亲职教育、亲子教育和家长教育。

所谓亲职教育，是指通过向父母传授教养子女的知识、技能、方法、观念等，使家长更有效地了解并履行作为父母的职责，从而促进亲子关系的和谐，提高整体的教养水平。其内容可以包括对家长进行儿童权利和保护的培训、开展符合儿童发展特点的培训等。而亲子教育，则是建立在父母与儿童平等的情感沟通的基础上，通过双方的互动，实现对亲子关系的调适，进而更好地促进儿童的身心健康与和谐发展。亲子教育的核心内容是父母与子女相互尊重、共同交流、一起成长。

其二是面向儿童的支持性服务，包括儿童的休闲游戏、儿童阅读、儿童安全教育等。

（二）二级预防

社区儿童保护体系的二级预防主要是识别风险儿童及家庭，并面向中低风险家庭开展服务活动。

1. 基于社区"儿童之家"的儿童信息台账动态管理

儿童服务工作是建立在对儿童信息掌握的基础上的。在社区儿童保护体系中，儿童信息的获取途径主要包括"儿童之家"的社会工作者主动排查、社区建立儿童保护强制报告制度以及接受相关报告。

首先，需要建立社区儿童的档案系统，收集社区儿童年龄、性别、家庭基本情况、身心健康状况、学业学习情况等基本信息。在基础台账建立完成后，切记要注意及时更新信息。

其次，针对突发性儿童保护事件，在社区层面建立强制报告制度以及时获得儿童保护的相关信息，"儿童之家"在这一制度中承担着接受报告、对事件进行初步调查与分析、转介个案和跟进个案的任务。关于需要报告的情况和流程等可以查阅相关法律条文。

2. 识别社区中处于风险的儿童和家庭

对收集到的儿童基础信息和在强制报告制度中接收到的儿童保护个案，"儿童之家"的社会工作者应进行初步研判，依据标准将儿童分为无风险儿童、低风险儿童、中风险儿童和高风险儿童，并根据风险等级制定相应的服务计划。风险家庭是指家庭成员因经济、社会、健康、教养、婚姻及个人特质等问题，导致家庭功能无法或难以维持正常运作的家庭，生活于其中的儿童有较大概率无法满足发展的基本需求，如果不能得到及时且适当的支持，儿童将可能面临被忽视、虐待等伤害。风险儿童及家庭的识别指标将在第九章第二节进行详细介绍。

3. 服务中低风险儿童及家庭

针对中低风险儿童及家庭的服务，一方面要通过及时且合适的服务解决当下的危机和困境；另一方面要着眼于长远考虑，提升家庭成员及整个家庭的功能，使儿童的基本需要能够得到满足，使其免受伤害并发挥自身的潜能。具体来说：

- 链接社会资源，扩大并强化支持系统，同时增强家庭运用资源的能力。
- 协助家庭成员改善家庭关系，增强家庭功能。
- 协助监护人及主要照顾者了解儿童的权利和需求，增强照护能力。
- 教导儿童学会求助和自我保护，协助家庭提升儿童的自我照顾能力。
- 改善儿童的偏差行为和不良生活习惯，促进其身心健康和提升稳定情绪的能力。

（三）三级预防

社区儿童保护体系的三级预防主要针对高风险儿童进行服务。常规情况下，由于高风险儿童及家庭在服务中的复杂性，需要各个部门和行业的专业人士共同合作。因此，儿童社会工作者在社区识别出高风险儿童及家庭后，要对这些家庭进行调查核实，与他们共同制定干预方案，根据不同需求转介给不同专业机构或专业人士，并做好个案管理或跟进服务工作。

第八章 儿童服务的其他常用技术

◆ **本章要点**

· 绘画和故事都是儿童钟爱的表达形式，是成年人了解儿童的途径，也是疗愈儿童的重要工具。

· 对儿童绘画行为的分析能够帮助社会工作者评估儿童的部分状况。

· 治疗性故事旨在使儿童的某种行为或状况恢复到健康或平衡状态。

第一节 绘画：理解儿童的窗口

绘画是儿童十分喜爱的表达方式之一。一百多年来，众多学者从不同的角度对儿童绘画进行了研究，特别是发展心理学家，他们把儿童绘画看作儿童心理发展的一面镜子，通过绘画来研究儿童的心理发展。众多研究证明，儿童绘画是儿童用于表达思想感情的特殊视觉语言，它实质上反映的是儿童认知的过程。作为一种载体，绘画是儿童表达自我的有效途径，也是家长走进儿童内心的桥梁，更是从事儿童服务工作的社会工作者理解儿童、评估儿童，甚至疗愈儿童的重要工具。

一、什么是儿童绘画

苏珊·朗格曾经说："有些地方单纯依靠语言的影响力是达不到的，这就是所谓的'内在经验'领域，也可以称为'情感'或'情绪'……艺术的基本功能就是能将这种情感客观化，从而思考和理解它们。"对于儿童来说，绘画是一种符合他们天性的表达方式，儿童在绘画中向我们展示了一个与成年人完全不同的世界。

儿童绘画是指儿童通过眼睛观察、大脑思考、内心感受，并结合手、眼、脑的协同作用，画下的具有内心情感、生活经验的图画。儿童画是儿童作为创作者所完成的绘画，它是儿童在成长过程中的生活体验的反映。

（一）儿童绘画对儿童的作用

在儿童的发展过程中，绘画作为一种图语，是儿童认知世界和进行交流的手段和工具，它以独特的方式帮助儿童发展内心世界，对儿童的成长起着重要的作用。

● 绘画对儿童身体发展的作用：绘画能够促进儿童动作的发展，在训练儿童动手能力的同时，还有助于儿童身心的协调发展，且绘画是促进儿童右脑发育的绝佳方式。

● 绘画对儿童心理发展的作用：儿童绘画能够促进感知能力的发展，是情感体验的外化形式，是将具象的东西概念化、符号化的表现方式；绘画有利于情感宣泄，使儿童身心发展得到平衡；能够培养儿童自主创新能力；能使儿童建立画面内容和口语表达之间的联系。

● 绘画对儿童学习的作用：能够开阔视野，扩大知识面；有助于刺激儿童的求知欲，培养其自主探索的习惯；提高儿童的观察能力和独立思考能力；绘画是一种可以发展儿童个性的活动方式，能提高儿童的情商和审美能力。

（二）儿童绘画发展的六个阶段

涂鸦阶段（2—5岁）。涂鸦阶段是儿童绘画发展的起点，是不能忽视的初级阶段。富有创造力的儿童在涂鸦时是不受外界影响的，如果儿童专注于他的动作，就不会去想或问其他事情，甚至在团体中涂鸦时，他们也很少发问或观看其他儿童的作品。但有些儿童很容易受到他人的影响，原因是他们缺乏独立思考的能力和自信心，这类儿童需要更多的鼓励和引导。当儿童为涂鸦命名时，他的独创性和创造力尤为明显，他会独立讲述自己的故事，而无需成年人协助。

图像阶段（4—7岁）。该阶段中，成年人能够从儿童绘画中识别出一些熟悉的事物，儿童的符号思维不断发展，儿童对环境的认知与他们自身有着非常紧密的联系。图像阶段出现的基本人物形象，被称为"蝌蚪人"，看上去有些奇怪，比如从圆圆的头上直接伸出胳膊和腿等。在此阶段，儿童通过绘画表达他们对自身和所处世界的理解。此外，儿童会把讲故事作为绘画活动的一个组成部分，通过讲述绘画作品，向成年人传达一些重要信息。

人像画阶段（7—9岁）。儿童会在绘画作品中描绘对环境的直觉以及家庭成员的画面，这有助于成年人了解儿童与各个家庭成员的亲密关系。这个阶段是儿童最容易对绘画失去兴趣的时候，因为他们感觉到成年人对他们的作品并不认可，因此，成年人不要试图去纠正儿童的解释或否定他们在绘画上做出的努力。通过儿童的画作，社会工作者能理解和解释"儿童语言"。

现实主义表现阶段（9—11岁）。该阶段的儿童仍处于具体运算阶段，自我意识的增强使他们对环境的表达更具现实感，认为描画事物、人物和环境越准确，说明画得越好。在这个阶段，儿童会优先考虑同伴关系，因此他们的绘画中常常会反映出他们如何看待自己与同伴及家人的关系。

自然主义表现阶段（11—13岁）。儿童的画作反映出青春前期的推理能力、现实主义态度和情绪性的表达。儿童此时能够画出二维或三维事物。这个阶段的儿童关注自身正在形成的同一性，不仅希望自己被同伴群体接纳，还希望得到成年人的尊重。因此，成年人给予他们鼓励和支持非常重要，这将有助于引导他们将所思所感通过视觉艺术的形式具体呈现出来，帮助他们在"我是谁"的问题上获得自信。

决定阶段（也称为青少年艺术阶段）。此阶段，儿童的绘画表现得更为复杂，但能否达到这个阶段关键取决于儿童自身的兴趣和他人的鼓励。大多数儿童的绘画水平基本上都停留在上一个阶段，且随着儿童年龄的增加，话语交流可以起到相同甚至更好的作用。

> **学习活动 8-1**
>
> 请思考，了解儿童绘画的发展阶段对于社会工作者有何益处？

（三）儿童绘画对社会工作者的意义

儿童绘画可以作为一种工具，社会工作者通过儿童绘画可以更好地了解儿童，进而帮助儿童更好地成长。具体而言：

● 建立与儿童沟通的桥梁。绘画是儿童表达自己、对外沟通的一种有效方式。通过指定主题绘画，可以诱发儿童有意识或无意识的联想，从而将自己的经历和态度投射到绘画作品中，此时社会工作者便可以通过绘画建立起与儿童沟通的桥梁。社会工作者通过儿童的绘画作品与其交流互动时，通常能够更加准确地理解与分析儿童的情感，发现语言交流之外难以觉察的细节。尤其是对于遭受过心理创伤的儿童来说，在他们能够用语言讲述自己的经历前，社会工作者可以通过其绘画作品了解他们所受到的伤害。

● 绘画可以呈现儿童的身心发展状况。尽管现代儿童的物质条件富足，但似乎有更多的苦恼，比如学习负担、父母过高的期盼、人际交往的压力等。儿童内心的情绪、想法、产生的心理压力、障碍，有些是连他们自己都无法意识到的，但在绘画过程中可能会无意识地呈现出来。此外，通过儿童的绘画作品还可以发现他们的身体疾病，比如儿童对人物身体某个部位的着重涂抹，是下意识地对身体这一部位产生焦虑的反应。对儿童而言，身心压力是他们难以言说的感受，需要社会工作者通过其他途径去察觉和了解。

● 提供贴合儿童的服务。通过绘画，社会工作者能够对儿童个体展开特定的评估，如儿童的认知发展水平、情感理解能力、对环境的感知能力、对学校的适应性、焦虑水平、身心健康状况等。社会工作者可以根据评估结果为儿童制定符合其需求和困境的服务方案。

二、儿童绘画的解读

绘画心理治疗大师罗宾（Robin）提出，为了有效地运用绘画来进行交流，首先必须明确绘画如何看、看什么、找什么，以及如何找到现象以外的意义。儿童绘画是儿童表达内心世界的方式之一，每个阶段的儿童在绘画中都会表现出该阶段的特点。如何从细微处着手分析和解读儿童的画作，是寻找儿童内心独特之处和了解儿童的重要方式。

当然，绘画心理学是一门专业，需要大量的专业训练才能够有效且准确地解读儿童的画，这也是从事儿童服务工作的社会工作者可以持续进修的内容之一。本书在这里仅是概要性地介绍儿童绘画中的行为分析，以帮助社会工作者观察、了解和评估初步内容，从而有效地预估儿童的状况。

想要理解儿童绘画中的情感内涵，除了分析儿童的绘画作品外，还需要观察儿童的"绘画行为"，即儿童是如何对绘画的指令或绘画任务做出反应的。儿童对一个非结构化绘画任务的反应，在某种程度上显示出他在日常生活中应对新的不确定情境的方式。儿童的绘画行为比较常见的有：

1. 抵触绘画行为

绘画对于大多数儿童来说是适合的，它具有独特的优势，常常能够激发儿童的兴趣，但有些儿童会因为某些原因而不愿意绘画。可能的外因是绘画材料本身的问题，如材料选择性很小，会让儿童感到气馁或挫伤他的积极性；内因可能是儿童在绘画环境中没有安全感或缺乏自信心，他们认为绘画会导致恐惧感和焦虑感，这反映了他们在真实生活环境中的行为模式。

面对这类儿童，我们需要在儿童绘画开始前设计适当的"热身"活动，如画线、涂鸦、添加画等。直接切入主题的绘画任务可能会导致或加剧儿童的抵触情绪，例如，当儿童正在经历家庭问题时，过早地让他画出家庭生活场景会让他产生抵触情绪。

2. 对绘画材料的反应行为

面对各种各样的绘画材料，儿童会表现出不同的反应。因此，观察儿童如何选择材料很重要。他是自信地、主动地选择，还是谨慎地选择？例如，遭受过暴力伤害的儿童在使用绘画材料时会持续保持警觉性，因为他们害怕以前遭受过的伤害会再次出现。当一个受过虐待的儿童把颜料盘弄洒时，会非常害怕权威人物的反应。过去他可能因为不小心把水洒了而遭到暴力对待。颜料洒了本来是偶然事件，却可能引起儿童对家庭暴力的记忆。

儿童选择绘画材料的类型和他们使用绘画材料的方式可以反映出他们的个性、应对风格及情感类型和情感强度。例如，有些儿童会尝试所有材料，探索每种材料的用途；而有些儿童则会使用同一种材料画上好几周。

儿童作画时的反应也各不相同。例如，有的儿童喜欢把所有材料都抢到手，拒绝和他人分享；有的儿童只选择一两种颜色的蜡笔或彩笔，不再要求更多；有的儿童用完了几种材料，却完成不了绘画任务；有的儿童总是慢条斯理，画人物的某个细节都会花很长时间。

3. 情感宣泄行为

情感宣泄行为是多种多样的，其中便包括倒出或泼洒颜料，敲打材料使其发出声音，以及抛、扔、揉、捏材料等行为。这些行为表明被压抑的情绪得到了释放或者失去了控制，这是释放情绪的一种途径。有时儿童绘画并不是为了完成一幅作品，而是为了尝试使用绘画材料或者发泄某种情绪。对于那些行为保守或者习惯于外部控制的儿童，可以让他们在支持性的环境中随意使用颜料并借此释放情绪；而对于易焦虑、紧张、亢奋或情绪无法控制的儿童，则需减少液态的颜料，换为较好控制的笔，如蜡笔、彩铅等，以此锻炼其控制情绪的能力。

4. 防御性绘画行为

防御性绘画行为是指儿童无法在自己的作品中自由表达情绪时的行为。当儿童想对自己的冲突行为和消极情绪做出反应，却又不能自由表达时，他们就会刻板地临摹、描绘轮廓，重复没有新意的图案。

克莱默认为，我们必须接受那些总是通过涂鸦线条和泼洒颜料来表现防御心理的儿童，并且认同这种创作方式，因为它对有些儿童而言是有意义的。比如，曾经被忽视的儿童使用涂鸦笔激烈地涂抹并不是毫无意义的——绘画本身即表达。

5. 遗漏行为

我们在研究儿童的绘画时，不仅要注意他们画了什么、说了什么，还要关注他们漏画的部分，因为这是无意识或潜意识主导的结果。这种无意识的遗忘最能体现儿童的

"问题",因为这是他们最本能的表现。例如,儿童在画房子时忘了画门窗,这可能是他不善于交流的表现;在画人像的时候没有画嘴,这可能是他存在交流障碍的表现。当然,儿童因为兴趣转移而中断绘画的情况不包含在内。

6. 刻意隐瞒行为

当社会工作者要求儿童完成某个主题的绘画任务时,儿童有时会猜到社会工作者的意图,因而刻意避免一些他们认为不得体的内容。这种谨慎回避的做法有时候恰恰暴露了他们的问题。

在绘画过程中,对于儿童的表现(特别是行为表现),社会工作者需要从旁观察、记录,并结合儿童的其他表现去理解和评估儿童的需求和困境,寻找解决问题和满足需求的途径。大多数儿童的绘画都会表现出符合其发展特征和心境的内容。但要注意的是,还存在两类儿童较为特别:一类儿童在绘画中会表现出早于一般正常儿童发展的迹象,这类儿童往往具有绘画天赋;另一类儿童会无意识地将自身的疾病或缺陷、所经历的特殊事件、所感受到的状态等表现在绘画中。这类儿童往往经受过某些他们无法用语言描述的心理困扰。例如,有身体缺陷或疾病的儿童可能会在画中对缺陷部分进行夸张或歪曲的描绘;受过暴力或虐待的儿童可能会重复画出与他们创伤经历有关的形象、获救的场景以及暴力或毁坏的行为;受性侵害的儿童在绘画中会有强烈的性主题和性形象的表现,许多研究者都观察到,受性侵害的儿童在他们的绘画作品中会出现生殖器或隐私部位。

对于社会工作者而言,需要对儿童绘画行为和内容保持足够的敏感度和细致的观察。

三、运用儿童绘画技术的注意事项

社会工作者在运用儿童绘画技术时,需要注意以下几个方面。

1. 开始阶段的注意事项

刚开始与儿童接触时,建议社会工作者多使用无主题的绘画活动,以便让儿童降低焦虑感,熟悉绘画材料和一对一辅导(小组)的环境,进而与社会工作者建立良好的关系。

无主题绘画包括：

● 涂鸦画：适合低龄儿童或执行能力较弱的特殊儿童；提供绘画环境，让其自由涂鸦。

● 随意画：适合5—12岁儿童的个案辅导和小组服务，主要用于建立关系的阶段；提供安全、有趣的绘画环境，激发儿童表达的欲望。

● 闭眼画：对3岁以上的儿童均适用，对于追求完美的儿童尤为有益，因为在闭着眼睛的情况下，儿童无法继续追求完美，从而可以消除对他人评价的担忧，放松心情，自由表达。

2. 探索阶段的注意事项

在与儿童建立关系后，社会工作者可以带领儿童开始探索情感、想法和行为，逐步加强儿童在探索问题时的自我表达。社会工作者可以要求儿童以主题的形式绘画，如"画一幅画表达你为什么来这里""画出别人眼中的你和你眼中的自己""画一幅你和家人在一起的画"等。绘画完成后，社会工作者可以请儿童讲解他的画，给儿童足够的时间来表达自我；然后再针对儿童画中没有被解释的地方继续询问，进行更深入的探索。需要注意的是，社会工作者只针对画来发问，但并不是图画中的每个信息都需要立刻讨论，有些重要信息会在以后的绘画中反复出现。如果问话过程中儿童表现出防御性行为，那么可能是进度太快了，这时社会工作者需放慢节奏，给儿童足够的时间准备。

对于某个主题，有时候儿童会表现出不愿意画的行为，这时社会工作者需要考虑儿童的顾虑是什么，并且想办法打消他的顾虑，但可能需要时间，而且有时候儿童会反复出现这种情况。

3. 行动阶段的注意事项

行动阶段是儿童发生改变的阶段，当儿童能够直接在绘画中表达痛苦、愤怒、羞耻以及其他难以言说的情感，并且愿意分享时，积极的行动就会出现。这时社会工作者可以给儿童提供帮助，让儿童通过绘画讲述他自己的故事，与此同时也要整合方法和技术，寻找解决策略。

改变是一个渐进的过程，社会工作者可以使用绘画帮助儿童梳理行动的目标和与之匹配的行为模式，如"画一画你觉得自己发生了改变的地方""画一画你遇到的困难"。

4. 绘画的不同形式

● 命题绘画：由社会工作者规定绘画主题，要求儿童根据主题作画。命题绘画包括关键词绘画（如画一幅关于"愤怒"的画）、画情感面具、让画中人说话（适用于青少年，可以是"替重要的人说话"和"与重要的人对话"两种方式，类似角色扮演或空椅子技术的作用）、画出伤痛事件、画安全岛等。

● 自画像：自画像是个体自我的真实表达，往往最能流露出儿童的自我意识，包括单纯自画像、情绪自画像、过去和现在的自画像、理想自画像等。

● 互动绘画：多用于儿童小组服务，也可用在个案辅导中，包括多维添加画（儿童在已有的元素上添加内容，使画面更加完整）、对话线条画（在无语言的状态下，通过观察，以线条予以回应）、绘画讲故事等。

儿童在绘画过程中是富有创造力的，社会工作者通过运用儿童绘画技术来了解和疗愈儿童时，需要有敏锐的觉知能力和创造力，寻找适合的服务方式。

第二节　故事：疗愈儿童的工具

说故事和听故事是孩子在童年时很自然的文化活动。美国教育心理学家杰罗姆·布鲁纳（Jerome Bruner）认为："我们用故事来认识人文的世界。"麦克·怀特（Michael White）等人也认为："人因为把自己的经验说成故事因而赋予了自己的生活和关系意义，并且，因为在实行这些故事时与他人互动，积极地塑造了自己的生活与关系。"透过故事，人们在生活中有了了然于胸的顿悟；同时，故事也给人带来了欢乐和教育意义。

一、治疗性故事和挑战性行为

很多故事都有疗愈或治疗的作用。如果故事能够让人们笑或哭，或者同时又笑又哭，那么大笑的人或流泪的人可能已经被疗愈了。民间故事和童话故事利用那些普遍性的主题和内容，产生了疗愈作用，它们给予人们希望和勇气来面对人生的考验，促使人们不断地成长。

如果疗愈是指恢复健康、重建平衡、变得健全或完整，那么治疗性故事就是让失去平衡的行为或者状况重新恢复平衡和完整的有效方式。治疗性故事能够轻松地解决儿童的某些复杂问题。讲故事的形式提供了疗愈的手段，可以让儿童参与充满想象力的活动，而不是训斥他们或直接指出他们行为中的问题。通过对故事主人公的共情，儿童获得了力量，从而能够克服自身的障碍，并找到解决问题的办法。

（一）儿童的挑战性行为

简单来说，儿童的行为方式就是儿童做事的方式。行为可以是正面的，也可以是负面的。

所有的儿童都有行为不当或表现令人不悦的时候。事实上，一些被认为是有问题的行为方式，只是某个年龄阶段特有的对某种刺激或某种情形的正常反应。一个2岁的儿童在受到限制时会大发脾气，这是很正常的；一个3岁的孩子偶尔把幼儿园的玩具装进口袋带回家，这也是正常的，这不是偷窃，而是单纯的"借"，因为这个时期的儿童还不太能分清幼儿园和家庭的区别，他们需要时间来区分和理解。对于儿童不同成长阶段的"规律"，社会工作者有必要多了解，这一点很重要，这些知识可以从有关儿童发展心理学、儿童成长的书籍中获得。

儿童的困难或挑战性行为包括[①]：

- 对他人权利造成不公平的干扰、伤害或侵犯的行为。
- 破坏环境或伤害其他生物的行为。
- 明显可能伤害其他儿童的行为。

---

① 如果构成挑战性行为的某种问题表现得较为严重，在各种情况下一再出现，持续时间较长，干扰了正常发育，则可以被进一步归为"疾病"，比如 ADHD（注意缺陷与多动障碍）。如果怀疑儿童有此类疾病，应建议家长咨询专家，使儿童获得诊断。

- 频繁出现不符合儿童年龄的倒退行为。
- 干扰儿童，使其无法了解和处理信息，或无法使月已掌握的技能的行为。
- 干扰儿童自身反应能力的行为。
- 本身并无不当，但发生在错误的时间或错误地点的行为（例如，在图书馆或上课时大声唱歌或喧哗）。

（二）影响儿童行为的因素

儿童的行为可能受到众多因素的影响，包括年龄和成长阶段（生理、认知、社交和情感发展阶段）、个性（脾气、性格等）、文化背景、基本需求的满足程度、健康状况、家庭环境、学校环境、其他重要人员、儿童过去的行为养成方式等。

这些因素可以分为两大类——生活背景和人际关系。家庭、学校、社区以及全世界的环境和人际关系构成一张错综复杂的网，每个儿童都在其中生活、成长。因此，在评估需要回应儿童的问题或挑战行为时，需要了解以下内容。

- 特定行为发生的方式、时间、地点和原因都是需要考虑的重要因素。例如，在幼儿园的户外玩耍活动中，当其他儿童正兴高采烈地玩泥巴或玩水的时候，一个4岁的儿童表现出僵住、拒绝的样子，有可能是因为他曾目睹了一次泥石流，他受到了惊吓。尽管时间已经过去很久，但他还是不敢靠近泥巴或水。
- 儿童与集体或家庭中其他成员的关系会影响其行为。例如，儿童在进入新环境时通常会表现出某种行为模式——性格外向的儿童可能会通过"炫耀"的方式在新同伴中找到自己的位置，而相对内向含蓄的儿童则可能会显得胆小黏人。成年人需要充分理解儿童，给予照顾和关注。
- 成年人与儿童以及成年人与环境的关系会影响所谓的"挑战性行为"。例如，一位患有抑郁症的妈妈，认为"人生没有价值"，而她的两个孩子经常为了引起妈妈的注意而打架、尖叫。孩子的难缠表现其实和妈妈的抑郁状态有着直接的关系。

总之，社会工作者若孤立地看待儿童的某种行为，则很难取得理想的效果，也几乎无法找到有效的解决方法，需时刻谨记要综合地去评估儿童的行为。

（三）治疗性故事的目的

治疗性故事是以一种微妙而有效的方式，去应对挑战性行为。当社会工作者去构思一个故事来应对儿童挑战性行为时，并非要通过一个故事把"坏"行为变成"好"行为，也不是要把一个"淘气"的孩子变成"乖"孩子，而是要使儿童的某种行为或状况达到健康或平衡的状态。当我们描述某种行为时，应针对行为本身，而不是将行为的好坏与人的好坏混为一谈。当儿童被老师错误地贴上"不诚实"的标签时，有可能真的开始变得不诚实，因为他可能会认为："教室里不管丢了什么东西，他们都说是我偷的，那我不如干脆去偷。"

治疗改变挑战性行为，其目的是不断让行为变得更好，例如从不爱惜到爱惜，从不整洁变为整洁，从躁动变为适当的安静，从不诚实变为诚实，但绝不是把一个"坏"孩子变为一个"好"孩子。

二、治疗性故事的结构模式

治疗性故事是有其固定的结构模式的，它由隐喻、情节和解决方案三个部分构成。

●隐喻是治疗性故事中不可或缺的重要手段，它可以为听者提供想象的前提。作为故事情节的重要部分，隐喻通常既充当负面角色（导致行为或状况失衡的障碍、诱惑者或诱惑物），也充当正面角色（使行为或状况恢复平衡的帮助者或引导者）。简单来说，隐喻也叫暗喻，是将一个事物当作另一个事物，而明喻则是有意识地将一个事物与另一个事物相比较，通常用"像"来表达。比如，故事直接讲述一个孩子经常掐别人，导致其他孩子都拒绝和他做朋友后，他学着不去掐人。这样的故事缺乏隐喻，很容易让儿童知道说的是谁，使他们对号入座，从而引发他们的防御机制。如果故事的开头是"一个掐人的小朋友就像一只有钳子的螃蟹"，这就是明喻，也易引起儿童的防御机制。

●情节是构成治疗性故事的重要因素，随着故事的推进，曲折的情节会制造出紧张的气氛，首先将故事引入失衡的局面，然后从失衡中走出，形成一种健康的解决方案。

障碍隐喻和帮助隐喻的使用与情节的发展密不可分,情节中的紧张气氛或冲突通常通过障碍隐喻而形成,而解决方案则通过帮助隐喻来获得。当服务对象是学龄前期的儿童时,情节可以很简单,但随着儿童年龄的增长,情节也要更复杂,要有某种历险过程、多次转折或一系列需要完成的任务。

●解决方案,即让失衡或受到破坏的状态或行为恢复和谐,重归平衡。解决方案一定要积极,要向前看,不能导致内疚感。虽然解决方案出现在故事的最后,但在考虑其他因素之前就应该考虑解决方案。如果解决方案不能确定的话,隐喻和情节朝着什么方向发展则更加无法确定。如果一个儿童得了绝症,显然不宜给他讲一个主人公病情好转,从此过着幸福快乐的生活的故事。解决方案需要把听者带到一个高于或不同于现实的空间,比如为一个父母离异的儿童写的故事,不应该暗示父母会重新生活在一起,而是需要做一些调查才能够设计解决方案(父母是否会与儿童沟通并陪伴儿童,父母一方是否已完全从家庭中消失)。特别要注意的一点是,故事的解决方案不能导致儿童产生内疚感,即故事不能增加儿童的内疚感,而是帮助儿童找到改变的力量。

下面是为一个喜欢掐人的儿童创作的治疗性故事——《张牙舞爪的小螃蟹》:

在海滩上的一群伙伴里,小螃蟹可不那么讨人喜欢。

他总是张牙舞爪,动不动就伸出钳子使劲乱掐,大家都烦透了。

有一天,乌龟请大家一起来想办法,让小螃蟹不要再乱掐了。

八爪鱼、海星和海鸥都来出主意。

八爪鱼说:"我们要把他的爪子剪掉!"八爪鱼的一只触手上星期刚被钳了一下,现在还没好呢。

海星说:"也许我们应该拿胶水把螃蟹爪子粘起来。"他有两条星星腿特别短,就是因为小螃蟹不做好事。

"或者用特别结实的绳子,把他的爪子绑在背上!"海鸥说,她的脚这天早上刚被小螃蟹角蜇了一口。

"我们不妨帮帮小螃蟹,让他学会不要伤害朋友。"乌龟说。海滩的伙伴里,小乌龟总是最能理解和体谅朋友的。

"乌龟，你这个主意很好，可是在他学会之前，我们怎么办？"朋友们齐声叫起来。他们实在受够了螃蟹的坏脾气，也不相信螃蟹能学会不伤害别人。

乌龟在沙滩上慢慢地来回爬啊爬，用他那乌龟的智慧思考着。忽然，他在一堆海草旁边停了下来。"我有办法了！"他向大伙儿宣布，"我要用海草织一副厚厚的手套，让小螃蟹戴在爪子上。这可以帮助他学会小心。"

乌龟为自己的办法而兴奋。他赶紧回到水洼边的岩洞里，去取那对用浮木做成的织针。朋友们也很不情愿地答应去收集长长的水草。等乌龟回来，已经有一大堆水草等着他了。他马上就为螃蟹织起手套来。

第二只手套刚织完，小螃蟹来了。"伙计们，你们在干吗？"他问，他确实很好奇大家一个上午都在忙什么。

乌龟赶紧说："小螃蟹，我们有一份礼物要送给你。"他拿出手套，让小螃蟹试一试。小螃蟹太惊讶了，他呆呆地站在那里，似乎一根小小的鱼鹰羽毛就能把他扫个大跟斗。他从来没有收到过礼物。他立刻把手套戴上，不大不小正正好！

那一天剩下的时间，沙滩上的朋友们一起玩耍着——没有掐，没有打，只是快快乐乐在一起。螃蟹的朋友们简直无法相信！螃蟹也觉得不可思议。对于螃蟹来说，那一天发生了一件奇怪的事情——有了手套之后，他的爪子温暖而又舒适地待在里面，他再也不像以前那样老想掐东西了。

当然，肚子饿的时候，螃蟹得把手套脱掉，去水洼里觅食。但每次去找朋友们玩耍之前，他都会小心地戴上手套，遮住自己锋利的钳子。手套似乎能帮他快乐起来，也帮他变得更加小心。

不过，水草手套总有烂掉的时候。有一天，那满是洞洞的手套从螃蟹的爪子上掉下来，被海浪卷走了。幸好这时候，螃蟹已经学会了只用爪子去觅食和吃东西。和朋友们玩耍的时候，他总是让钳子紧紧地合在一起。

乌龟的智慧给海滩上的朋友们留下了深刻的印象。从那以后，他们不管遇到什么问题都会去请教乌龟,而乌龟通常都能想出一个好主意。①

学习活动 8-2

请分析这个故事中的隐喻、情节和解决方法。

三、使用治疗性故事的技术

治疗性故事适用于全年龄段的儿童。无论故事的内容是怎样的,儿童听故事时所产生的真实体验都具有疗愈的作用。在创作故事时,社会工作者要清楚自己的目的,并且知晓儿童的挑战,讲故事只是许多可能的方法或策略中的一种,它只是整张布上的一根丝线而已。

编写故事千万不要怀有道德说教或引导儿童认错的目的,目标只是通过故事简单地反映情理,通过故事的隐喻和情节,找到办法面对并逐渐地改变儿童的行为,并提供现实的解决方案。如果过于重视成效,它不仅会过于理性,也会毫无效果。行为往往是深藏于生命中的内在习惯,只有让洞察力和想象力的情境慢慢渗入意识深处,渗入我们看不见的地方,在那里产生不可思议的变化,儿童的行为才可能发生改变。

1. 选择隐喻的窍门

隐喻是治疗性故事的核心和灵魂,故事能否实现其目标,隐喻的选择至关重要。

● 选择与特定行为直接相关的隐喻。选择与行为具有类似特征的动植物或物品,使儿童从中获得隐喻的线索。比如有钳子的螃蟹,隐喻掐人的儿童。

● 从儿童非常喜欢的事物中选择主要的隐喻,从儿童喜欢的事物、周围的环境中寻找合适的隐喻线索。

● 从儿童的课堂话题或他们自己的生活中选择隐喻:如果社会工作者为小组或班级的儿童编写故事,可以从他们的课堂内容、学校环境或家庭环境中寻找隐喻的线索。

---

① 苏珊·佩罗:《故事知道怎么办》,重本、童乐泽,天津教育出版社,2011,第189—191页。

● 选择幽默或夸张的隐喻。选择隐喻时，可以设法延伸思考，打破成年人世界中的条条框框，从儿童的角度去看待这个世界；可以多和儿童交流，了解他们喜爱的绘本和儿童读物，思考故事中吸引他们的是什么。

2. 道具的作用

在故事中加入道具能够让故事更加完整和真实。比如《张牙舞爪的小螃蟹》故事讲完之后，送给儿童一双温暖的手套，能更好地将故事延伸开来；也可以在讲故事时在桌子上摆放各种故事里的角色玩偶，甚至可以和儿童一起用玩偶将故事表演出来。

3. 互动说故事

互动说故事是一种特别的设计方式，用来诱发儿童说出自己创作的或自发性的故事。社会工作者可以通过互动故事与儿童建立起沟通对话，通过虚构的角色想象故事的隐喻、情节和解决方案。

学习活动 8-3

运用所学知识，为下列两个儿童分别创作两个治疗性故事。

（1）女，10岁，因父母工作原因，总是搬家、转学，每一次面对新的环境总是有很多害怕、担心和焦虑。

（2）男，5岁，喜欢用锋利的刀划破家具、花草、枕头等物品。

第九章 特别儿童的服务

◆ **本章要点**

- 困境儿童和受侵害儿童是社会工作者提供专业服务的重点对象。
- 困境儿童包括因家庭贫困导致生活、就医、就学等困难的儿童,因自身残疾导致康复、照料和社会融入等困难的儿童,因家庭监护缺失或监护不当遭受虐待、遗弃、意外伤害、不法侵害等导致人身安全受到威胁或侵害的儿童。
- 困境儿童的风险包括儿童自身风险、主要照顾者风险、家庭风险和社会风险。
- 只有有效识别困境儿童及家庭的风险,才能够提供有针对性的、有效的专业服务。

在第一章中,我们提到过儿童社会工作的主要服务对象包括普通儿童、困境儿童和受侵害儿童三类。其中,普通儿童的服务以发展性服务为主,预防性服务为辅;困境儿童以预防性和补救性服务为主,发展性服务为辅;而受侵害儿童以补救性服务为主,预防性服务为辅,最后才是发展性服务。本章将介绍针对困境儿童、受侵害儿童所需提供的服务。

第一节 困境儿童

一、困境儿童的概念

困境儿童的概念在西方儿童社会福利政策以及倡导文件中都有提及。如联合国通过的《儿童权利公约》就指出,世界各国都有生活在极端困难情况下的儿童。世界儿童问题首脑会议通过的《儿童生存、保护和发展世界宣言》和《执行九十年代儿童生存、保护和发展世界宣言行动计划》都有提及或规定,对于处境非常困难的儿童,应该提供更多的关心、照顾、支持和保护。国际上,困境儿童存在多种不同的表述,如最为脆弱的儿童、生活在特别困难处境中的儿童、生活在不利社会处境中的儿童、最弱势的儿童群体等。尽管各种表述不同,但指向的都是面临生存、发展和安全困境的弱势儿童群体。

2013年以前,我国政府对困境儿童并无专门的定义,因各种原因生活处于困境的儿童均被纳入其中,这是一种较为广泛的、松散的困境儿童界定。很长一段时间里,我国定义的儿童福利主要由民政部门主导,目标群体主要是孤儿群体,包括机构中养育的孤儿、弃婴和残疾儿童。随着中国经济的增长和社会保障制度改革的推进,儿童福利保障对象逐步拓展。2006年3月,民政部联合15部委出台的《关于加强孤儿救助工作的意见》,将儿童保障对象明确为失去父母和事实上无人抚养的未成年人,同时将流浪儿童、因父母服刑或其他原因暂时失去生活依靠的未成年人也纳入救助安置的范畴,正式将儿童保障的范围扩大到儿童福利院之外。2007年民政部明确提出,由政府负责福利供给的儿童对象由孤儿向困境儿童群体拓展,由传统的无法定抚养人、无劳动能力、无固定生活来源的未成年人转变为所有孤儿及其他面临困境的儿童。2013年,《民政部关于开展适度普惠型儿童福利制度建设试点工作的通知》将儿童群体分为孤儿、困境儿童、困境家庭儿童、普通儿童四个层次。其中,困境儿童包括残疾儿童、重病儿童和流浪儿童;困境家庭儿童包括父母重度残疾或重病的儿童、父母长期服刑或强制隔离戒毒的儿童、父母一方死亡另一方因其他情况无法履行抚养义务和监护职责的儿童、贫困家庭的儿童。2014年,民政部发布的《民政部关于开展第二批全国未成年人社会保护试点工作的通知》(民函〔2014〕240号),将困境未成年人界定为:遭受家庭暴力、虐待、遗弃等侵害的未成年人,因监护人服刑、吸毒、重病重残等原因事实上无人抚养的未成年人,缺乏有效关爱的留守流动未成年人,因家庭贫困难以顺利成长的未成年人以及自身遭遇重病重残等特殊困难的未成年人。2016年,国务院下发了《国务院关于加强困境儿童保障工作的意见》(国发〔2016〕36号),文件中明确了我国困境儿童的定义:

"困境儿童包括因家庭贫困导致生活、就医、就学等困难的儿童，因自身残疾导致康复、照料、护理和社会融入等困难的儿童，以及因家庭监护缺失或监护不当遭受虐待、遗弃、意外伤害、不法侵害等导致人身安全受到威胁或侵害的儿童。"并明确表明困境儿童保障工作是家庭、政府和社会的共同责任，需加快形成家庭尽责、政府主导、社会参与的困境儿童保障工作格局。

二、困境儿童福利政策的保障内容和责任主体

关于困境儿童的保障内容主要包括四类：一是困境儿童基本生活保障，为符合条件的困境儿童提供基本生活保障；二是困境儿童医疗康复，包括困境儿童参加城乡居民基本医疗保险和城乡居民大病保险，为有需要的困境儿童提供医疗救助以及康复训练；三是困境儿童教育，落实就学资助、教育帮扶和"两免一补"等政策，普通学校通过随班就读促进特殊儿童的社会融入，同时为有需要的困境儿童提供特教服务，保障困境儿童的受教育权；四是强化困境儿童监护责任，采取亲属抚养、机构养育和家庭寄养等方式妥善安置孤儿，并由儿童福利机构、救助保护机构为有需要的困境儿童提供临时监护。此外，还包括建立完善的儿童关爱机制，为困境儿童提供司法援助、社会服务、社区矫正和心理咨询等方面的帮助。

2019年，民政部下发了《关于进一步健全农村留守儿童和困境儿童关爱服务体系的意见》（民发〔2019〕34号），明确了农村留守儿童和困境儿童关爱服务体系中包含未成年人救助保护机构和儿童福利机构两大主体，分别承担救助、临时监护和长期监护的责任："未成年人保护机构是指县级以上人民政府及其民政部门根据需要设立，对生活无着落的流浪乞讨、遭受监护侵害、暂时无人监护等未成年人实施救助，承担临时监护责任，协助民政部门推进农村留守儿童和困境儿童关爱服务等工作的专门机构，包括按照事业单位法人登记的未成年人保护中心、未成年人救助保护中心和设有未成年人救助保护科（室）的救助管理站……儿童福利机构是指民政部门设立的，主要收留抚养由民政部门担任监护人的未满18周岁儿童的机构，包括按照事业单位法人登记的儿童福利

院、设有儿童部的社会福利院等。"还提出加强基层儿童工作队伍建设，建立一支基层儿童工作队伍，在乡镇（街道）一级设立"儿童督导员"，在村（居）一级设立"儿童主任"，其职责是需要对困境儿童进行动态监测、落实监护责任、分类保障工作和强制报告等。此外，要求"村（居）民委员会要明确由村（居）民委员会委员、大学生村官或者专业社会工作者等人员负责儿童关爱保护服务工作……同时，鼓励和引导社会力量广泛参与，并且强调需要加强组织领导、资金支持、部门协作和工作落实等措施推进农村留守儿童和困境儿童关爱服务体系建设，同时通过孵化社会组织，购买服务和项目合作等方式引导社会力量参与到困境儿童保障工作中"。

三、与困境儿童相关的服务

对于困境儿童来说，他们更加脆弱，更容易受到伤害。为了更好地保障儿童权益，促进困境儿童的成长和发展，全国各地结合自身实际情况，从不同角度进行多元服务探索。

2010年5月，民政部与联合国儿童基金会、北京师范大学中国公益研究院及多所大学和研究机构合作启动了"中国儿童福利示范项目"。从2010—2014年，该项目逐步探索并实施了为各类困境儿童提供生活保障、学习支持、医疗保健、安全保障、心理关怀和社会能力发展等多方面的服务。2015年，民政部将该项目升级为全国百县千村基层儿童福利服务体系建设试点工作并正式启动相关工作，建立县、乡、村三级基层儿童福利网络。从儿童监测、需求发展、服务递送到效果评估，儿童福利主任作为儿童家庭与福利资源之间的有效链接，应保证儿童及其家庭享受到福利服务。

全国多地制定了与儿童主任相关的服务规范或服务指南，明确了儿童主任的服务分类及服务内容，见表9-1。

表 9-1 儿童主任服务分类及服务内容

服务分类	服务内容
信息收集管理	收集所有儿童及其家庭基本情况信息，特别是福利需求信息
意外伤害防范	发现地方池塘、枯井、危房、交通事故多发点、农药等危险因素，并采取预防措施
儿童保障资源链接	协助所有儿童获得基本福利保障，协助各类困境儿童获得分类保障
政策及知识宣传	宣传中央及地方发布的与儿童及其家庭相关的福利政策，并学习如何申请和使用； 宣传儿童意外伤害防范知识和自我保护知识，并动员家庭落实儿童保护行为
社会心理支持	为所有儿童尤其是困境儿童个体提供社会心理支持，包括各类儿童游戏、文体活动等
个案报告与协助处理	发现遭受或疑似受到家暴儿童、无人监护儿童、受监护侵害儿童，收集相关信息后上报相关部门，链接资源并协助处理问题

第二节 困境儿童及家庭的风险识别

社会工作者无论是作为基层儿童工作队的一员，还是作为社会力量参与到社区儿童服务工作中，首先要学会的是，对收集到的儿童信息及从强制报告制度中接收到的儿童保护个案进行初步研判和分析，按照不同标准将儿童及其家庭进行归类，包括无风险儿童及家庭、低风险儿童及家庭、中风险儿童及家庭、高风险儿童及家庭四类，并根据不同风险儿童及其家庭的实际情况为其制定服务计划。

一、困境儿童及家庭的风险

困境儿童及家庭可能正在经历或遭遇的风险包括：
● 社会风险：如监护人或主要照顾者因非自愿失业、就业不稳定、不正当经营等问题而导致生活贫苦，陷入困境；家庭因户籍或某种疾病等原因而被歧视、排斥或孤立等。

●家庭风险：如父母婚姻不和谐或存在严重冲突、离婚、亲子冲突、隔代教养、家庭有家暴史等情况；家庭成员有自伤自残、自杀行为，或有服刑、吸毒史；监护人长期在外又忽视对儿童的情感关怀，而替代照顾者无法满足儿童的教养和情感需求。

●主要照顾者风险：如照顾者对儿童不接纳或偶有不适当的期待，缺乏合适的教养方法；主要照顾者自身可能存在身心障碍、疾病、药物滥用等问题，以及缺乏支持、压力过大等情况。

●儿童自身风险：如身心障碍、情绪和行为问题、学业成就低、人际交往障碍、辍学及其他异常行为。

二、困境儿童及家庭风险识别指标

困境儿童及家庭的风险并非直接展示于人前，不同的省份、不同的服务机构均有自己的风险识别量表和重点关注的角度。社会工作者需要根据相关的要求，通过日常在社区、学校、儿童家庭等工作领域进行细致观察，保持对风险的敏感度，才有可能识别出来。接下来，笔者将从儿童本身、主要照顾者及整体家庭状况三个维度做一定的风险识别提示。在实际情境中，社会工作者需要结合本地的实际情况，从更符合现实的角度识别当地的困境儿童及家庭的风险类型。

（一）儿童

●年龄是考虑儿童风险的一个重要因素。年龄越小，儿童的脆弱性越高。

●儿童是否出现在其年龄段该出现的地方。一般1岁及以上的儿童应该出现在社区公众视野中，3岁以上的儿童大多都进入幼儿园。如果1岁以上儿童平时在社区都看不到，或者已经上幼儿园的儿童一周有2天以上缺席，就可能需要引起重视。正常情况下，学龄期的孩子应该经常出现在学校或社区中，若无理由3天以上不出现，就需要特别关注。

●中低风险儿童：（1）年龄在6—12岁和12—18岁这两个阶段的儿童，由于亲职能力差，自我照顾和自我保护能力不足。（2）儿童对照顾者感到害怕和不信任，没有或很少回应照顾者给予的情感关怀，伴有中度或少许的焦虑。（3）在学校具有攻击性或退缩性行为；间歇性逃学；以出格行为引起注意；暴饮暴食或没有食欲；难以集中注意力，或有轻微多动甚至抑郁症状，尝试过酒精或滥用其他物质。（4）中等程度的精神、情感失调或发育迟缓会损害儿童的一些功能，症状如尿床、有攻击性或退缩性行为、注意力难以集中、无食欲、常做噩梦、经常疲劳、可能焦虑或与同伴有些冲突。（5）有中等或轻微的疾病、残疾或发育迟缓，有些活动可能受限，但在特别照顾下能够行动。

●高风险儿童：（1）儿童年龄在6岁以下，与年龄相匹配的自我照顾能力、自我保护能力严重不足。（2）儿童对于照顾者极度焦虑，伴有难以控制的害怕、退缩或破坏性的、暴力的举动。（3）儿童对自己或他人有暴力或危险行为（如有自杀、自伤、暴力等行为或有犯罪史等），可能伴有药物依赖、社交退缩现象，常被兄弟姐妹当替罪羊，缺乏可信任的重要他人支持，以及经常逃学等。（4）严重的精神和情感障碍（可能涉及妄想、幻觉或发育迟缓，使之不能发挥与年龄相称的身体功能），可能危及自身（自杀）或他人，表现出判断能力和沟通能力的严重受损；被诊断为精神疾病或情感不稳定状态；有严重的疾病或残疾，严重限制日常生活功能发挥，高度依赖照顾者。

（二）主要照顾者

照顾者自身的成长经历、行为模式、对儿童的认知和态度都会直接影响儿童的生存和发展。

●中低风险照顾者：（1）照顾者童年时遭受过虐待或忽视，但不严重，也没有明显损伤；或者未遭受过虐待或忽视，只是对得到的照顾或待遇表示不太满意。（2）偶尔喝酒，伴有负面的社会行为（如旷工、在家争吵、危险驾驶等），对儿童照顾也有不良影响，短期的神志不清会影响行为表现。（3）对儿童的期待前后不一致，导致儿童沮丧；或对儿童的期待不现实，使儿童感觉力不从心，充满挫败感。（4）对儿童不管不顾，应付式地回应儿童，缺乏情感，很少花时间去陪伴儿童。（5）有至少一种疾病或失能，影响照顾能力。(6)照顾者有精神或情感或发展性障碍，如感觉无力、低自尊、焦虑发作、情绪不稳定等，都会限制其照顾能力；照顾者有短暂的心理紧张、情感问题或轻微精神问题，但对照顾能力影响有限。

● 高风险照顾者：(1)照顾者童年遭受过严重的虐待或忽视，导致身体留下疤痕或失能。(2)药物滥用，且伴有恶劣的社会性行为后果。(3)对儿童抱有不适当的期待，伴有暴力行为，将体罚作为惩诫儿童的唯一方式。(4)拒绝并敌视儿童，对儿童一直抱怨、贬损，视儿童为麻烦制造者。(5)患有严重的身体疾病（如残障），严重限制其照顾儿童的能力；患有严重的精神或情感障碍，行为受妄想或幻觉影响，可能危及自己或他人；有自杀倾向，有发展障碍，难以履行照顾和保护儿童的职责。

(三) 家庭

中低风险家庭：(1)家庭成员之间经常发生口头攻击，限制活动自由，导致儿童在其他家人面前表现出焦虑、不安；照顾者曾遭遇过虐待。(2)当出现一个或多个压力源①时，儿童照顾虽然受到影响，但是压力消除后能够恢复稳定状态。(3)有一定的可靠支持但利用率有限。(4)居住环境不安全，有一种或可能有一种危及孩子的状况②。(5)成人照顾者给予孩子不连贯的情感支持，家人之间不是支持性的关系，家庭适应变化的能力较弱。

高风险家庭：(1)家庭暴力。家中有人经常威胁要伤害其他家人，极端控制其他家人的经济、情感和行为，经常需要警方干预；儿童目睹家暴现场。(2)家庭面对至少一个压力源时，缺乏或几乎没有应对能力。(3)家庭在地理上或社交上与支持系统隔绝，或正处于冲突中，或者虽然有一定的支持但是不靠谱。(4)家庭居住环境极不安全，存

---

① 压力源包括但不限于以下被家庭视为主要压力的事件：怀孕或近期生育、失业或工作变动、财务吃紧、家庭成员死亡、新近搬家、婚姻关系变化、长期生病或受伤严重、不连贯的儿童照顾安排、过度拥挤、混合的家庭、混乱的生活方式或持续的冲突、严重的精神病发作、失去住房等。
② 此处的危险状况包括但不限于以下情况：煤气或供暖气严重地泄漏、住处或大楼中近期发生火灾、危险物品放在没有锁好的低矮架子上或柜子里、缺水或必需品、剥落的含铅涂料、散热器热水或蒸汽泄漏、无防护敞开的窗子、破裂的窗子、有危险性的动物、垃圾乱放、易腐烂变质的食物未妥善放置等。

在多种危及儿童健康或生命的隐患，如煤气泄漏、含铅涂料等。（5）家人之间的互动基本都是负面的，照顾者中的一个或多个不能给予儿童情感滋养；家庭的重大变故严重破坏了家庭的功能。

需要特别说明的是，以上每个指标常常不是单一存在的，它们之间常常互相影响或互为因果，有时单一指标可能不会构成危险，但是几个因素叠加在一起就可能有风险。例如，失业导致离婚后形成的单亲家庭，加上疾病，亲子关系可能骤然紧张，风险增加。社会工作者需要综合考量这些指标之间的相互影响可能给儿童和家庭带来的风险。同时，不同年龄段的孩子由于身体、认知和社会发展的程度不同，抵御风险的能力也不同。一般而言，年龄越小，在同样情况下的风险越高。

学习活动 9-1

在某学校服务的社工小李从学生那里了解到，初一的班级中有多位自伤自残的学生，并且他们会把自伤后的照片发到一个名为"做主"的微信群里。小李经过前期调查，梳理出 5 名自伤自残的学生。小李计划与这 5 名学生进行一对一面谈，评估他们的风险等级。小李第一个面谈的是 13 岁的女孩小静，她是这个微信群的群主，但她从来不在群里发言，仅仅是将自伤后的伤口照片发到群里。

请你们帮助小李制定面谈计划，思考需要从哪些方面评估小静的风险状况？在评估时可能会遇到哪些障碍？面对这些障碍时应如何处理？

第三节　不同风险等级儿童及家庭服务

在第七章中，我们提到过社区儿童保护的三级预防体系：一级预防的对象是无风险儿童及家庭，前文已进行了详细的分析；二级预防的对象是中低风险儿童及家庭，主要由"儿童之家"、社区、在社区工作的社会工作者根据服务计划直接提供服务；三级预防的对象是高风险儿童及家庭，由于此类儿童往往涉及更为专业的服务手段，通常要转介到相应专业组织进行服务。本节将对中低风险儿童及家庭和高风险儿童及家庭的服务模式进行介绍。

一、中低风险儿童及家庭的服务模式

社会工作者在识别出中低风险儿童及家庭后，需要进一步安排初访，若对象为6岁以下的儿童，则应给予其特别关注。根据多家机构的实践经验，社会工作者在识别后的10天内应入户探访并进行详细评估。中风险儿童及家庭最好每两周进行一次入户探访，每周进行一次电话访问；低风险儿童及家庭需要每月进行一次入户探访，每两周进行一次电话访问。

社会工作者可以根据儿童、主要照顾者和家庭三个不同的需求主体的风险情况提供相应的服务。

（一）儿童服务

1. 链接资源以满足儿童福利需求的服务

针对家庭困难、患重病的儿童，社会工作者可以协助这些儿童及其家庭申请最低生活保障、临时救助、教育救助、医疗救助、孤儿基本生活保障等政策待遇，也可以呼吁相关部门帮助儿童家庭成员实现就业，从而增加儿童家庭的收入。

对于困境儿童或无户籍儿童，社会工作者需要协助这些儿童或照顾者进行身份认定，然后根据政策规定帮助其申请相关待遇。

针对可能有中等或轻微身体疾病、精神残疾或发育迟缓等医疗需求的儿童，这些疾病、残疾或发育迟缓问题可能会困扰儿童的日常生活，限制其活动，影响其学业成就。因此，社会工作者要了解儿童的身体、精神发展状况，评估儿童既有的医疗或康复活动是否能够满足其基本需要，是否需要提供额外的支持才能满足儿童基本的健康需要。社会工作者可以通过协助儿童家庭了解并落实国家相关医保或医疗救助政策、链接社区资源等方式，来满足儿童的医疗和康复需要。

2. 提供关爱服务，满足儿童情感需求

由于照顾者可能对儿童的陪伴有限，回应缺乏情感，中低风险家庭的儿童可能存在焦虑、不安、人际关系疏离、低自尊等情况。社会工作者需要通过辅导照顾者，或直接开展相关活动给予儿童情感回应和关怀，使其感觉到被爱和人生有价值，并在儿童面临困难和压力时能够及时给予安抚、鼓励和支持。

3. 提升儿童自我照顾和自我保护的能力

良好的自我照顾和自我保护能力有助于儿童提升自信心和解决问题的能力，降低或消除风险。社会工作者需要协助照顾者发展适合儿童年龄的自我照顾技巧，评估儿童对自我和环境的认知水平，包括他们对于风险的意识和认知，以及应对压力和风险的方法和技巧，以便提供适合其年龄和能力的自我保护能力服务。

4. 纠正儿童不适当行为

中低风险儿童可能在学校或家里有攻击性或退缩性行为，以及有间断逃学或以出格行为来引起注意的情况。针对这些行为，应通过改善照顾者的教养方式、协助儿童学习社交技能、提供学习辅导等方法，帮助儿童改善行为，过而降低或消除风险。

5. 促进特殊儿童的社区融入

社区中有些特殊儿童在融入社区时会遇到困难，如外来流动人口的子女，因为语言、生活习惯、不了解城市生活方式等原因会受到社区居民的排斥或歧视。困境儿童等也可能因为自身或家庭原因在社区被边缘化。社会工作者要借助"儿童之家"等服务平台为这些特殊儿童及其家庭提供社区融入的服务，让他们有机会了解所在社区和城市的生活，让他们与本地社区儿童和居民相互了解和互动；帮助他们了解城市的生活设施和公共服务，让他们更好更快地融入社区，避免被边缘化和歧视，并呼吁社会和相关部门保障这些儿童应有的权益。

6. 儿童心理行为辅导

社区中有些特殊儿童和家庭需要心理疏导类的服务，例如残疾儿童家庭，由于父母长期处于高度的经济压力和照顾压力之下，很可能忽视和虐待残疾儿童。孤儿、离异家庭的子女、遭受性侵或长期遭受家庭暴力的儿童等，他们有可能存在孤僻、自卑、警觉的心理,需要社会工作者进行心理疏导服务。如果问题较为严重,社会工作者还需要联系专业的机构为这些儿童提供相应服务。

儿童受到伤害后会产生一系列的应激反应,社会工作者要敏锐察觉这背后的原因,并用合适的方式给予咨询和辅导,主要包括身心健康、自我控制、情绪、行为、学业表现、生活规律等方面内容。

7. 协助进行临时庇护、紧急处置和安置

对于社区中出现的严重的儿童伤害事件,如长期遭受家庭暴力或性侵害的儿童,社会工作者除了按照规定的程序上报之外,还需要协助相关部门进行紧急处置和提供临时庇护。

对于那些处在风险当中,又缺乏足够的支持体系的儿童,社会工作者需要协助相关人员寻求并提供安置服务,例如寻求亲友帮助、寻找合适的寄养家庭、寻求公共福利机构的帮助等。安置服务包括临时安置,临时安置的形式有机构安置、家庭寄养、自愿助养和临时监护等。

(二)照顾者服务

1. 链接资源来满足照顾者的医疗或康复需求

主要照顾者遭遇疾病、身体或精神残疾的困扰时,不仅自身经历身心障碍的痛苦,影响日常工作和生活,而且会影响照顾儿童的能力。社会工作者需要评估照顾者的疾病和残障在多大程度上影响到儿童基本需要的满足,评估照顾者需要什么样的医疗或康复资源来弥补这种照顾功能的缺失,然后通过提供相关医保政策信息、链接相关资源,满足照顾者基本的医疗、康复需求,进而增强其照顾儿童的能力。

2. 提供儿童教养辅导服务

社会工作者需要评估照顾者对于儿童的期待是否现实,照顾方式是否前后一致,以及可能产生的危害有哪些;同时还需判断教养方式是否适合儿童的年龄和能力。在此基础上,结合儿童的情绪和行为表现,社会工作者应对照顾者的教养态度、方法和技巧进行针对性的辅导,如提供正向教养工作坊、亲子活动、家长互助等服务。

（三）家庭服务

1. 针对家庭的压力源及时提供相应的服务

如上所述，家庭可能遇到各种各样的压力源，当压力产生且家庭难以应对时，社会工作者一方面要评估家庭压力对儿童照顾的影响并及时采取相应措施，确保儿童基本生活得到保障；另一方面，需要及时给儿童照顾者提供关怀、支持、更好的资源信息和方法技巧。这有助于提升家庭应对压力的信心和能力，有利于满足儿童的基本需要。

2. 协助家庭改善沟通模式

中低风险的家庭，其成员之间的沟通可能缺乏平等和尊重，家人之间缺乏支持，照顾者对于孩子的情感支持不连贯，这些都不利于儿童的健康成长。社会工作者可以协助家庭成员改善沟通方式，发展更好的家庭互动模式，形成支持性的家庭关系，这将有助于儿童的健康成长。

3. 协助家庭消除居住环境中的隐患

社会工作者通过评估中低风险家庭的居住环境，协助家庭找出可能危及儿童安全的风险因素，进行家居环境改造，消除隐患，确保儿童的居住环境安全。

二、增强对高风险儿童及家庭的服务

社区儿童保护体系的三级预防主要针对高风险儿童及家庭提供服务。一般来说，由于高风险儿童及家庭在服务中的复杂性，需要来自各个部门和行业的专业人士共同合作。因此，未接受过相关训练的社会工作者在识别出高风险的儿童及家庭后，应对其进行初步调查核实，确认情况属实，再协助各部门和行业专业人士制定干预方案，由具有儿童伤害干预经验的社会工作者根据儿童及家庭的不同需求转介给不同专业机构或专业人士，并做好个案管理的相关服务。

（一）儿童遭受暴力的危机评估

通常情况下，社会工作者接到儿童疑似受暴力侵害的信息后，要立即启动对儿童及其家庭的调查，对儿童处境进行评估。评估需遵循以下原则。

● 评估应在接案时开始，并在个案管理、服务提供及个案结束的过程中持续进行。评估应考虑到再次发生家庭暴力、疏忽照顾、身体暴力或性侵犯的可能性，而不是只考虑儿童受伤的严重程度。评估是一个持续不断且着眼于未来的过程。

● 评估过程应让儿童及其家庭成员参与，以识别问题和制定服务计划。必须慎重考虑安排儿童离家抑或让儿童继续留在家中。

● 评估应根据不同个案的情况运用不同专业技能做出判断。

在评估过程中，社会工作者需要根据所得的报告和资料，识别引起危机的且值得关注的问题，并全面评估各方面的危机。这主要包括：确定危机的紧迫性；评估危机的起因、类型及范围，要特别关注严重危机因素；了解危机因素的持续时间、严重程度及可控性，注意各种危机因素是否因互相影响而产生危险；评估家庭的能力及资源；从危机因素、家庭能力及机构可提供的资源等方面研究儿童的总体危机水平；判断儿童面对、处理危机和自我保护的能力，以及儿童的安全程度；在可能的情况下，搜集直接和真实的证据。社会工作者应依据危机评估结果来制订个案计划，并不断修订个案计划；同时，适时向保护家庭及儿童服务部门、保护儿童特别调查组转介或移交个案。此外，需考虑个案计划、制定相应的回应策略，以及调动服务资源来减少危机因素；当个案计划发生变动时，重新审视个案，并考虑解决危机的其他方法。最后，识别危机正在减轻或已经充分减轻的迹象，以确定是否可以结束个案。

学习活动 9-2

社会工作者小李在 23 点（非工作时间）收到所服务的社区的 12 岁女童小小发来的一条语音信息。小小边哭边很小声地说："李姐姐，我好害怕。我爸妈在打架，把家里的东西都砸了，现在我妈被我爸打倒在地。我不敢出去，我好怕，我要怎么办？我妈会不会被打死？你快来救救我！"

如果你是小李，此刻你需要做些什么？第二天你还需要做些什么？

（二）对儿童遭受暴力的干预

如前所述，儿童遭受暴力的原因是多重的，有效的干预也必须瞄准这些多重因素，通常至少包括三个层面，即个人层面、家庭层面和社区社会层面。

第一，干预要以社区为基础。家庭承受压力的很多原因来自社区层面，如果在社区中有良好的社会支持、可及的服务、完整的福利，那么当家庭遇到困难时可以获得社区支持，从而降低家庭对儿童带来的风险。干预计划设计的目标就是要确保家庭重新回到社区当中。如果仅靠社会组织和社会工作者，则很难帮助到家庭，因此还需要邻里和亲属的协助。

第二，要对家庭进行综合评估。通常情况下，社会工作者会先对发生的事件进行评估，然后再确定儿童所受的伤害类别与级别。此外，还需要对家庭进行综合评估，包括父母的态度、行为、所掌握的知识与技能。

另一个有效的干预路径是以家庭为中心建立小组或联盟来帮助家庭。通常来说，这些家庭往往在形成可持续的社会关系上存在难题，社会工作者需要鼓励家庭与社区成员建立积极的互动关系，由此发展家庭的交流技能，帮助建立与其他家庭的可持续性关系。

第三，以增能为基础的实践。社会工作者给家庭传授管理多重压力的技能，增能家庭成员有效地解决家庭的问题，但要尽量避免单纯地依靠社会服务系统。社会工作者在此扮演的角色是合作者、引导者、中介者和协助者。

以能力为导向的问题解决方式可以帮助家庭增，从而实现家庭生态的恢复，干预使得照顾者能回应家庭成员的需求，他们会更有时间和能力来管理家庭，并给家庭带来一些资源。

第四，社会工作者必须将儿童、照顾者和家庭的需求放在同一个系统中进行评估和干预。儿童保护在微观上有赖于照顾者的技能，如果照顾者本身缺乏能力（他们不可能持续保护好儿童），家庭需要支持照顾者去顺利完成任务。

第五，由于文化的差异，儿童遭受暴力可能有不同的因素，因此，社会工作者需要尊重文化差异，掌握各种各样的知识与技能。

在现实生活中，社会工作者遇到的每一个儿童都是不同的，因此，无法设计一个绝对标准化的干预方法和干预技术。以上内容仅仅是一个参考的框架，这就需要社会工作者充分发挥主观能动性，找到适宜这个"特别的儿童"的评估和干预的方法，才有可能帮助儿童在安全的环境中健康成长。

参考文献

[1] 陆士桢. 儿童社会工作 [M]. 北京：社会科学文献出版社，2004.

[2] 黄晓燕. 儿童社会工作实务 [M]. 北京：中国社会出版社，2015.

[3] 黄晓燕. 儿童社会工作服务指南 [M]. 北京：中国社会出版社，2017.

[4] 卢梭. 爱弥儿：权威全译本 [M]. 李平沤，译. 北京：商务印书馆，2017.

[5] 蒙台梭利. 童年的秘密 [M]. 刘莹，译. 杭州：浙江工商大学出版社，2018.

[6] 尼尔·波兹曼. 童年的消逝 [M]. 吴燕莛，译. 桂林：广西师范大学出版社，2004.

[7] 全国人民代表大会常务委员会. 中华人民共和国未成年人保护法 [EB/OL].(2020-10-17)[2024-7-20].https://www.gov.cn/xinwen/2020-10/18/content_5552113.htm.

[8] 中华人民共和国民政部. 儿童社会工作服务指南 [EB/OL].(2014-12-24)[2024-7-20].https://xxgk.mca.gov.cn:8445/gdnps/n2445/n2575/n2580/n2582/n2592/c117074/attr/273375.pdf.

[9] 国际救助儿童会（英国）北京代表处编写组. 困境儿童中的心理虐待及情感忽视：多维度的认识与深层理解 [M]. 北京：中国华侨出版社，2021.

[10] 乔尼丝·韦布，克里斯蒂娜·穆塞洛. 被忽视的孩子 [M]. 王诗溢，李沁芸，译. 北京：机械工业出版社，2021.

[11] 龙迪. 综合防治儿童性侵犯专业指南 [M]. 北京：化学工业出版社，2017.

[12] 巴塞尔·范德考克. 身体从未忘记：心理创伤疗愈中的大脑、心智和身体 [M]. 北京：机械工业出版社，2020.

[13] 陈沛，蒲玮榕，张榕，等. 城市儿童家庭内环境与居家意外伤害的关联性研究 [J]. 健康教育与健康促进，2023，18（3）：270-274.

[14] 唐平，孙静敏，陆群峰，等. 儿童青少年意外伤害健康素养的概念分析 [J]. 中国儿童保健杂志，2024，32（1）：73-78.

[15] 王莉. 生命历程视角解析儿童青少年伤害危险因素及干预措施 [J]. 中国学校卫生，2020，41

（7）：961-964.

[16] 罗伯特•S.费尔德曼.儿童发展心理学：费尔德曼带你开启孩子的成长之旅[M].苏彦捷等,译.北京：机械工业出版社,2021.

[17] 劳拉•E.伯克.伯克毕生发展心理学（第4版）[M].陈会昌等,译.北京：中国人民大学出版社,2013.

[18] 肯特•霍夫曼,葛伦•库珀,伯特•鲍威尔.安全圈教养[M].鹿忆之,译.台北：世茂出版有限公司,2020.

[19] Robert Karen.依恋的形成：母婴关系如何塑造我们一生的情感[M].赵晖,译.北京：中国轻工业出版社,2017.

[20] 约翰•鲍尔比.依恋[M].汪智艳,王婷婷,译.北京：世界图书出版有限公司北京分公司,2017.

[21] 劳伦斯•斯坦伯格.与青春期和解：理解青少年思想行为的心理学指南[M].孙闰松,译.北京：人民邮电出版社,2019.

[22] Daniel S.Sweeney.儿童游戏治疗[M].王晓波,译.北京：中国轻工业出版社,2020.

[23] David A.Crenshaw, Anne L.Stewart.游戏治疗：理论与实践的综合指南[M].王晓波,译.北京：中国轻工业出版社,2021.

[24] 郑如安,刘秀菊.结构式游戏治疗技巧事务[M].台北：五南图书出版公司,2021.

[25] 迪伊•C.雷.高级游戏治疗[M].雷秀雅,李璐,译.重庆：重庆大学出版社,2017.

[26] 张翠娥.家庭社会工作[M].北京：中国人民大学出版社,2020.

[27] 维吉尼亚•萨提亚.萨提亚家庭治疗模式：第二版[M].聂晶,译.北京：世界图书出版有限公司北京分公司,2018.

[28] 理查•班德勒,约翰•葛瑞德,维吉尼亚•萨提亚.与家庭一起改变[M].王建兵,译.北京：世界图书出版有限公司北京分公司,2021.

[29] 万江红.小组工作[M].北京：中国人民大学出版社,2022.

[30] Charles E.Schaefer, Donna Cangelosi.游戏的力量：58种经典儿童游戏治疗技术[M].张琦云,吴晨骏,译.北京：中国轻工业出版社,2020.

[31] 周惟彦,陈虹.《儿童友好社区建设规范》操作手册[M].北京：社会科学文献出版社,2022.

[32] 史路引.儿童友好中国实践案例[M].上海：同济大学出版社,2023.

[33] 韦克难.儿童保护制度与服务：基于六省市的调查[M].北京：社会科学文献出版社，2023.

[34] 严虎.儿童心理画：儿童的另一种语言[M].北京：电子工业出版社，2015.

[35] 严虎.儿童绘画心理学[M].北京：电子工业出版社，2020.

[36] 严虎，陈晋东.绘画分析与心理治疗手册[M].长沙：中南大学出版社，2022.

[37] 苏珊·佩罗.故事知道怎么办[M].重本，童乐，译.天津：天津教育出版社，2011.

[38] Joyce C.Mills, Richard J.Crowley.儿童治疗隐喻与内在小孩[M].曾庆烽，译.北京：中国轻工业出版社，2022.

[39] 杰洛德·布兰岱尔.儿童故事治疗[M].林瑞堂，译.成都：四川大学出版社，2005.

[40] 苑立新，中国儿童中心.中国儿童发展报告.2023[M].北京：社会科学文献出版社，2023.

[41] 国际救助儿童会（英国）北京代表处编写组.困境儿童中的心理虐待及情感忽视：多维度的认识与深层理解[M].北京：中国华侨出版社，2021.

[42] 国际救助儿童会（英国）北京代表处编写组.家庭矛盾与适应：儿童心里虐待与情感忽视的多维度干预[M].昆明：云南出版集团，2022.